Dienstbaar en toegewijd

Bijbelstudies over 1 Petrus

Marthijn van Leeuwen

Dienstbaar en toegewijd

Marthijn van Leeuwen

Bijbelstudies over 1 Petrus

IZB voor zending in Nederland

ark media

COLOFON

Tweede druk, 2019

Dienstbaar en toegewijd
Bijbelstudies over 1 Petrus
Marthijn van Leeuwen

ISBN 978-90-33801-40-2
NUR 707
c-NUR 046

Ontwerp omslag en opmaak binnenwerk: De Hoop & Koning, Driebergen
Foto omslag: Thinkstock

De KRINGSERIE is een uitgave in samenwerking met
IZB
Breestraat 59-61
3811 BH Amersfoort
www.izb.nl

Ark Media is onderdeel van Royal Jongbloed Publishing.
www.royaljongbloed.com

Inhoud

Voorwoord

Petrus als bijbels figuur spreekt tot de verbeelding van velen. Hoeveel mensen hebben zich niet getroost in zijn enthousiasme voor Jezus, waarbij hij zichzelf ook heel vaak overschat. Wat moet Petrus er uiteindelijk diep doorheen. Petrus functioneert in het Nieuwe Testament een beetje zoals David in het Oude. Een gelovig mens, die ook diep kan vallen, maar toch ook gered wordt door Gods genade. Soms zit daar toch het gevaar in dat we net iets te vroeg ophouden met lezen. We slaan dan over dat Jezus na zijn opstanding Petrus volledig in dienst neemt en dat Petrus dan wel de consequenties van het volgen van Jezus, de Lijdende, leert dragen. En dat hij daar ook anderen mee toerust. Een weerslag daarvan lezen we in de eerste Petrusbrief aan de christenen in Klein-Azië. Petrus, radicaal als altijd, is zelf gelouterd door het lijden en kan daarom ook de lijdende christenen toerusten. In plaats van hen in een slachtofferpositie te zetten, maakt hij hen juist tot verantwoordelijke mensen. Christenen zijn uitverkoren om als priesters 'in den vreemde' dienst te doen, liefdedienst.
En dat in het voetspoor van Jezus en door Hem ook met het zicht op de hoop op het eeuwige leven in en met Hem! De hoop van Pasen is overal in deze brief merkbaar aanwezig!

Dit bijbelstudieboekje is tot stand gekomen in de bedding van de Hervormde Gemeente te Voorthuizen. Dankbaar ben ik voor de tijd die mij werd gegeven om me in de eerste Petrusbrief te verdiepen. Ook de aandacht die er op diverse terreinen is gekomen voor deze brief, onder andere door het boek Vreemdelingen en priesters (2015) van Stefan Paas, was voor mij een grote stimulans. De feedback die ik kreeg vanuit de gemeente tijdens het bijbelkringseizoen en vanuit de medewerkers van Ark Media heeft ertoe bijgedragen dat dit boekje er nu is. Hopelijk mag het er voor velen – individueel of in kringverband – aan bijdragen om op een positieve en hoopvolle manier als christen in het leven te staan. Daarmee doen we Petrus ook wat meer recht dan wanneer we alleen naar de evangeliën kijken. Daarmee doen we bovenal Jezus Christus meer recht, die voor ons leed en die ons Voorbeeld is.

Ds. Marthijn van Leeuwen

1 Hoop op de verlossing

1 Petrus 1:1-12

Denk een moment na over 'vreemdeling zijn'. Is dat een ervaring die je kent? Of gaat het bij vreemdelingen om andere mensen? Wat is de kracht van een vreemdeling? Waar zit zijn kwetsbaarheid?

Geadresseerden en groet - vers 1 en 2

Aan de vreemdelingen in de verstrooiing

Een vreemdeling woont er maar een beetje bij. Het hoeft echt niet meteen tot een conflict te komen. Liever zelfs niet. Maar echt helemaal geïntegreerd raakt hij nooit. Hij leeft voluit in een gemeenschap, zonder erin te zijn geworteld. Het neemt niet weg dat hij veel kan willen betekenen voor diezelfde gemeenschap! De mensen aan wie Petrus schrijft, zijn van nature geen vreemdelingen, maar burgers van Klein-Azië, het huidige Turkije, en dan met name de wat meer noordelijke regio. Door het zendingswerk van de apostelen zijn ze vreemdeling geworden, in een samenleving waarin ze waren geworteld. Door hun nieuwe geloof raakten ze 'ontworteld'. Kleine minderheden geloven in Jezus. Een Joodse ervaring, van vreemdeling zijn te midden van de volken, en verstrooid leven te midden van andersdenkenden, is nu ook wat heidenen die tot geloof kwamen ervaren.

Het maakt nogal uit waar je in Nederland woont of je deze ervaring deelt. Woon je op de 'Biblebelt' dan kan het zelfs zo zijn dat 'mensen die niet van de kerk zijn' als vreemden worden beschouwd. Anderzijds kun je als een enkeling en vreemdeling beschouwd worden als je 'in deze tijd' nog naar de kerk gaat.

Uitverkoren tot

Als het woord 'uitverkoren' klinkt, gebeurt er heel wat. Hier staat ook het minder beladen woord 'voorkennis' bij. Vanuit het geloof bekeken: Hij kende mij al voor ik Hem kende! Ja meer, uitverkoren betekent: Hij koos ons uit voor wij voor Hem kozen. Dan zijn we er nog niet. Het gaat niet om mijn persoonlijke zekerheid. Het gaat om zijn plan met de wereld, de schepping. Het is een werk van de Vader, uitgewerkt door de heilige Geest, met als doel dat ik een gehoorzaam mens word. Dat ik heilig, dus anders (vreemd) en toegewijd word, zoals Hij heilig is. Besprenkeld met het bloed van Jezus Christus. Als een priester, die ook besprenkeld wordt, word ik in dienst genomen. Zoals ze staan aan het begin van de brief, zo staan ze ook aan het begin van mijn leven: de Vader, de Geest en de Zoon! God werkt in mijn leven zowel vervreemding als verkiezing uit. Het rijke is dat ik Hem toebehoor met heel mijn leven. En dat mijn leven meer en meer op dat van Christus gaat lijken, werkt vervreemdend tegenover de rest van de wereld.

Uw genade is mij (nooit) genoeg!

Genade betekent: ik kan geen eigen bijdrage leveren aan mijn verlossing, het is een Godsgeschenk. Leun ik vervolgens (al gauw verveeld) achterover, dan gaat er iets grondig mis. Genade is geen stilstaand, maar stromend water. Zelfs van Jezus staat geschreven dat Hij toenam in genade bij God en bij de mensen (Lukas 2:52).
Naast dat ik steeds meer kennis krijg van mijzelf, groeit ook mijn inzicht in wie God is en hoe groot zijn genade is. Daardoor ga ik Hem steeds meer liefhebben en krijg ik er 'gein' in (Hebreeuws voor genade) om Hem te dienen. Dat is vreugdevolle genade!

Hoop op de verlossing - vers 3 en 4

Al wel erfgenaam ...

Petrus vat in twee verzen het geloof samen in een loflied vol troost. Het begint bij God de Vader, de Vader van onze Heere Jezus Christus. In zijn grote ontferming heeft Hij ons opnieuw geboren doen worden. Lees wel goed: wij, meervoud. Niet uit onszelf, onze keuzes: Hij deed ons opnieuw geboren worden. Niemand 'geboort' zichzelf. Dus ook niet een tweede keer. Hoe dan wel? Door een nieuw begin in Jezus Christus. Alles liep dood door zonde, maar gaf God in Christus een nieuw begin. Als Jezus sterft aan het kruis, lijkt alle hoop vergaan. Tot de paasmorgen aanbreekt en Hij opstaat uit de dood. Vreugde! Nieuw perspectief in een niet ideaal bestaan. Door het geloof in Hem opnieuw geboren geworden. Een tweede leven. Al leef ik nu nog als een vreemde in verstrooiing.

Nog geen erfenis

De erfenis, dat is in het Oude Testament het wonen in het beloofde land in de nabijheid van de Heere. Wat we er tot nu toe van gezien hebben, is kwetsbaar. De geschiedenis van Israël laat zien dat die erfenis kwetsbaar is. Ook het vruchtbare land van de Karmel kan in Achabs tijd verwelken. Gevolg van besmetting door de zonde. Dat is onmogelijk het geval met de erfenis die in de hemelen bewaard wordt ... voor u. De gelovigen aan wie Petrus schrijft, delen niet in de landbelofte voor zover ze geen Joodse afkomst hebben. Echter, ook waar zij wonen in de verstrooiing als vreemdeling hebben ze niet echt iets voor zichzelf. Ze horen er nooit bij en dragen daar de consequenties van. Toch mogen ze vasthouden aan de heerlijke zekerheid dat de erfenis voor hen klaarligt.

Vers 5-7

Niet alleen de erfenis wordt bewaard, ook ik

Wat een troostvolle zin. Bewaakt en dus ook bewaard worden door de kracht van God. God heeft alle macht in hemel en op aarde. Hoe word ik bewaakt door Gods kracht? Door het geloof! Door te geloven in het vreemde verhaal van de dwaasheid van het kruis. Geloof is allereerst een gave, want vanuit mezelf zou ik er niets in zien. Ik zou me ergeren of me ertegen verzetten. Geloof vraagt om volharding. Petrus' brief is nodig om het vol te houden. Het geloof verlost ons van zonde, maakt ons zalig in Christus. Maar het geloof heeft dus ook een toekomstig aspect: wij verwachten de verlossing van ons bestaan, door de heilige Geest. Daarbij hebben we ook elkaar hard nodig. Goed dat Petrus ons niet persoonlijk, maar gezamenlijk aanspreekt.

U verheugt zich

Hoe kan Petrus nu zo veel verschillende mensen, die hij onmogelijk allemaal persoonlijk kent en bezocht heeft, schrijven: 'daarin verheugt u zich'. Juist nu hij weet dat ze het moeilijk hebben. Het heeft te maken met genade. Genade is 'gein'. Je wordt er blij van, al zijn de omstandigheden somber. Je wordt ergens door op de been gehouden. In dit geval door iets heel moois: de erfenis. En ja, een erfenis betekent ook dat iemand is gestorven. Weer alle reden om in de put te raken? Nee, want Deze die ons doet delen in de erfenis, was gestorven en Hij leeft! Daarom verheugen we ons altijd. Wij danken God in alles, hoewel niet voor alles ...!

Meer dan wijsheid, meer dan ...

Niet alleen Petrus, ook Paulus in Romeinen 5 en Jakobus in Jakobus 1 spreken over de vreugde van verdrukkingen. Het hoort er kennelijk helemaal bij. Het kunnen verdrukkingen zijn die te maken hebben met het volgen van Christus in de wereld. Het kunnen ook de alledaagse zorgen zijn die het ons moeilijk maken. Bijvoorbeeld langdurige mantelzorg. Op zich niet iets om je over te verheugen. Het functioneert veel meer als een rem in je leven. Wie wil er nu geremd worden? Wie Jezus Christus liefheeft en met vreugde uitziet naar zijn komst, merkt dat je dat zomaar weer kwijt kunt raken.
De eerste liefde kan veranderen in een tijd dat je je afvraagt of je je hebt vergist. Verdrukkingen kunnen je in een crisis brengen. Maar ze kunnen ook leiden naar een dieper verlangen.

Vers 8 en 9

Daten op afstand?

Wat in de tijd van de Bijbel vaak de waterput was, en in een vorige generatie de jeugdvereniging of het café, dat zijn nu de datingsites. Het kan je bevreemden als iemand helemaal 'in love' is zonder die ander in levenden lijve ontmoet te hebben. Pas ermee op, zeg je dan.
Petrus zegt niet dat je eerst Jezus gezien moet hebben om een relatie met Hem te hebben. Hij rept er zelfs niet over dat hij gelukkig Jezus wel heeft gezien. Hij laat weten hoezeer liefde op afstand, of tenminste, zonder elkaar te zien, mogelijk is. Het geeft zelfs een onuitsprekelijke en heerlijke vreugde! Dat geldt vandaag nog. Je hoeft Hem niet eerst te zien. In 1 Johannes 4:12 lezen we hoe het werkt. Niemand heeft ooit God gezien, maar als we elkaar liefhebben, blijft God in ons. Dat is nu net wat christenen in de verstrooiing nodig hebben. Elkaar opzoeken en terugleiden naar de Bron, om met nieuwe moed het dienende leven voort te zetten.

Vers 10-12

Op de tast ...

Petrus zegt niet dat hij het makkelijker heeft met geloven omdat hij Jezus op aarde heeft ontmoet. Hij zegt wel dat de mensen die na Jezus' tijd op aarde leven, het onvoorstelbaar duidelijker weten dan zij die voor Jezus' tijd op aarde leefden. Hij zegt dat zelfs de profeten niet echt hebben geweten wat nu de diepste zin en betekenis was van de boodschap die zij doorgaven. De heilige Geest stuwde wel hun taalgebruik, maar echt begrijpen wat Jezus' weg zou zijn ... Een lijdende Messias ... En van zijn heerlijkheid daarna ... Ze hebben het allemaal opgeschreven. Het heeft toen al een rol vervuld. Maar nu nog veel meer, veel dieper. Petrus put er met Geestkracht uit in zijn pinksterpreek. Zelfs de engelen – die toch dag en nacht voor Gods troon zijn – wilden zich maar wat graag in deze dingen verdiepen ... Hoe bevoorrecht kun je zijn!

Verwerking

1. Petrus gebruikt het woord 'uitverkoren' om het voorrecht van de gelovige te onderstrepen. Hoe zie jij dat?

2. Wat is het (hogere) doel van onze verkiezing volgens Petrus in vers 2? Staat dat niet op gespannen voet met onze vrijheid?

3. We leven in een tijd waarin we als christen, ook in Nederland, niet automatisch gezien of begrepen worden. We worden een minderheid. Christenen in Klein-Azië, aan wie Petrus schrijft, vormen ook een minderheid. Waar zie je parallellen, waar verschillen?

4. Dat Petrus Jezus liefheeft, is goed voor te stellen. Wat heeft hij veel met Hem meegemaakt. Kun je ook iemand liefhebben die je nog nooit hebt gezien? De lezers van 1 Petrus hebben Jezus lief zonder Hem gezien te hebben. Zou dat ook van jou gezegd kunnen worden? Hoe kan dat en waaraan merk je dat?

5. Kernwoorden zijn: genade, erfenis, heiliging, lofprijs, hoop en vreugde. Misschien niet de dingen waar jij vanuit jezelf mee zou komen. Ook niet als je je verdiept in die christenen in de verstrooiing, die het niet gemakkelijk hebben.
   a. Op welke manier delen ook wij in de vreugde?
   b. Hoe kunnen we ons daar meer bewust van worden, ons daarin oefenen?

Notities

2 Heilig leven, dicht bij Christus en zijn Woord

1 Petrus 1:13-25

Wat roept heilig leven bij je op? We worden opgeroepen heilig te leven, 'anders te zijn'. Zijn er inderdaad plaatsen waar je als 'gedoopte/belijdend christen' niet kunt zijn, of juist moet zijn?

Vers 13-16

Wees mobiel

Lange kleding hinderde bij het snel voortbewegen, werken of vechten. Een gordel om de lendenen, wij zouden zeggen een riem om je broek op te houden, geeft bewegingsvrijheid. Wat betekent het om je verstand 'bewegingsvrijheid' te geven? Petrus legt het uit in het vervolg: 'wees nuchter'. Ook dit heeft met ons denken te maken. Word je geleefd? Petrus brengt ons terug bij onze verantwoordelijkheid. Hij roept op keuzes te maken, het verstand mobiel te houden. Zodat we niet verhinderd worden om ...
Te hopen op de genade die u gebracht wordt in de openbaring van Jezus Christus. Petrus heeft die woorden vast onthouden van Jezus: 'Laten uw lendenen omgord zijn en de lampen brandend.' (Lukas 12:35) Jezus sprak deze woorden vanwege zijn nabije komst. Sta je klaar om mee te gaan? Aan je keuzes merkt een ander wat jij hoopt!
Er wordt op je gelet. Als wij uitzien naar de komst van Jezus, zal dat aan ons te merken zijn. Het maakt je wat uit hoe Hij je aantreffen zal!

Wedergeboren kinderen van God behoren gehoorzame kinderen van God te zijn. Bij nieuw leven hoort geen oud gedrag. Al gaat dat niet vanzelf. Petrus roept zijn lezers op tot gehoorzaamheid, juist vanwege wie God is. Vroeger zondigde je, zonder te weten dat het zonde was. Nou ja, of je het echt niet wist ... Maar er is ook nog een groot verschil tussen 'balen van je fouten' en 'berouw hebben over je zonden'. Bij het eerste ben je bang voor gezichtsverlies of een toornende God. Bij berouw heb je verdriet om zijn gezichtsverlies. Je bent het beeld van je Schepper.

Zo Vader, zo zoon (en dochter)

Je kunt iemand pas oproepen tot een heilige levenswandel als hij opnieuw geboren is. Heiliging is daar een vrucht van. Wanneer we opnieuw geboren zijn, wordt onze hemelse Vader zichtbaar in ons gedrag, we worden anders, zoals Hij anders is. En in liefde toegewijd. We worden gehoorzaam aan de waarheid. Dat is het verschil met een wettische levenshouding. Die is geen vrucht van geloof, maar een soort van 'gehoorzamen' zonder geloof in Christus. Belangrijk om hierin goed jezelf te kennen. Gehoorzaam ik omdat ik geloof in God en Christus liefheb? Of houd ik me aan Gods regels opdat God mij lief zal hebben? In het laatste geval ben ik er hopeloos aan toe.

Heerlijk, helder, heilig!

Heilig zijn is niet eng of afstotelijk. Heilig zijn houdt wel 'anders zijn' in, en 'toegewijd zijn'. Je oude leven was van God vervreemd. Je nieuwe leven is een leven aangesloten op de levende God, die zelf heilig is. Zijn heiligheid blijkt uit zijn liefdevolle toewijding aan mensen die dat niet verdienen, door zijn Zoon te laten sterven voor onze zonden. Heilig zijn heeft niet alleen te maken met het laten van de zonde, veel meer nog met het doen van het goede, toewijding. Val daarin op, want daarmee zeg je iets tegen je Vader in de hemel en ook tegen je naaste in deze wereld.
Heilig in heel je levenswandel betekent niet dat je heilig wordt door je levenswandel. Nee, je bent al heilig, doordat je 'in Christus bent'. Uit je levenswandel blijkt het. Op alle terreinen van je leven. Nergens houd je Hem erbuiten. Het is je roeping om op alle terreinen van het leven Jezus te volgen. Geen terrein of het is zijn!

Vers 17-19

Adeldom verplicht

Hem als Vader aanroepen, hoort bij het christelijke leven. Zo heeft Jezus het zijn discipelen geleerd. Door de Geest gaan wij Hem ook als Vader aanroepen. Abba Vader, U alleen, U behoor ik toe! Deze Vader discrimineert niet. Daar hoeft niemand bang voor te zijn. Petrus had zelf gezien dat God geen onderscheid meer maakte tussen het Joodse volk en de heidenen als het gaat om het evangelie van Jezus Christus. Ook zal God gelovigen en ongelovigen zonder onderscheid, eerlijk, beoordelen. Hij kijkt of ons leven vrucht draagt.

Droeg mijn schuld en ik was vrij!

Niet in angstige zin. Want wie vreest is niet volmaakt in de liefde, zei Johannes al. Eerst moet de kramp ervanaf. We zijn op de duurste wijze vrijgekochte slaven. Vrijgekocht uit liefde. Zonder genade bleven we onvrij. Maar nu: bevrijd en vrijgekocht met het kostbaar bloed van Christus, als van een smetteloos en onbevlekt Lam!
Bij vergankelijke dingen of hoge bedragen zou je nog je schouders op kunnen halen, misschien. Maar nu Christus, de Zoon van God, als een onschuldig Lam is gestorven, voor jou, is geofferd ... Dat laat je toch trillen op je benen. Niet van angst, maar van ontzag! En van liefde, om de rest van je leven voor Hem te leven, met Hem te wandelen. Niet meer thuis op deze wereld vol zinloosheid. Door Hem gekocht, liever een vreemdeling die thuiskomt bij de Vader.

Wel geoordeeld, niet veroordeeld

Is het oordeel voor een gelovige nu al geweest of moet het toch nog komen? Waarom wandelen in 'vreze', zoals in vers 17 staat? Is het nog onzeker? Johannes schrijft: 'Wie in de Zoon gelooft, heeft eeuwig leven, maar wie de Zoon ongehoorzaam is, zal

het leven niet zien, maar de toorn van God blijft op hem.' (Johannes 3:36) De eerste gehoorzaamheid die God van ons vraagt, is de gehoorzaamheid aan de waarheid van het evangelie. Zijn belofte om ons in Jezus zalig te maken. Vertrouwen we daar niet op, dan zijn we verloren! Het horen van het evangelie duldt geen uitstel.
Maar als ik door het evangelie gered ben van Gods toorn, word ik dan een gemakkelijk mens? Met andere woorden: hoe leef ik voortaan verder? Onverschillig? Of gehoorzamend met liefdevol ontzag? Dat is die vreze. Ooit kom ik voor Gods troon te staan. Nog altijd met lege handen? Of vol dankbaarheid!

Vers 20 en 21

Het voorrecht van nu te mogen leven

De Heere God heeft het heel lang verborgen gehouden, de nieuwsgierigheid gewekt van profeten, zelfs van engelen (vers 11, 12). Maar nu is Hij zelfs aan de heidenen geopenbaard. Wat een voorrecht! Dankzij Jezus God lief te mogen hebben. Het leven van het geloof is ook een leven vol hoop, ook als je het als christen moeilijk hebt. Want zoals Jezus door God in ere is hersteld, door de opwekking uit de dood, zo zal God ook ons recht doen in de opstanding, waar we hier onrecht moeten lijden.

Vers 22 en 23

Geloof, hoop, dan ook liefde!

Woorden van het begin worden herhaald: 'uitverkoren ... door de heiliging van de Geest, tot gehoorzaamheid ...' Op zoek naar de hemel, zijn we vaak vergeten dat het ook gaat om ons leven hier en nu. We leven soms alsof we nu nog de ruimte hebben, die er straks niet meer zal zijn ... Dat komt in mindering op de onderlinge liefde. Petrus zegt nu even tegen zijn lezers: 'Mooi, al dat geloof en die hoop, die ons op de been houden ...' Hoog tijd om aan de slag te gaan: heb elkaar vurig lief. Begin maar in de gemeente, dat is al een hele klus.
Vurige liefde, uit een rein hart, uit een nieuw leven, uit onvergankelijk zaad. Daar staat nogal wat. Door zijn (levenwekkende) Woord heeft God ons opnieuw geboren laten worden. Hij heeft ons ook op die manier aan elkaar gegeven als broeders en zusters. Samen roepen we Hem als Vader aan. Dat plaatst ons niet boven, maar naast elkaar. 'Zie, hoe goed, hoe lieflijk ...' (Psalm 133:1) Vurige liefde uit een rein hart. Goed lezen! Het is een oproep aan mijzelf om de ander lief te hebben en dit te doen vanuit een rein - door God gereinigd en dankzij de Geest, door mij rein bewaard - hart. Onvoorwaardelijke en vurige liefde! Begin er maar aan!

God geheiligd zaad

Hoe verschillend onze weg ook is gegaan, in het gezin van God blijkt onze nieuwe levensweg altijd ergens te ontspringen aan de omgang met de Bijbel als het Woord van God, van Jezus Christus. De Bijbel blijft ook de bron in de omgang met God, naast het gebed. Hij spreekt tot ons en wij reageren daarop met onze gebeden en levenswandel.

Vers 24 en 25

Gods Woord houdt stand in eeuwigheid

Deze bekende woorden komen we niet alleen bij Petrus tegen. Ze staan ook in Jesaja 40 en Psalm 103. Belangrijke woorden dus. Wij mensen zijn als gras, als een bloem. Als we naar Jezus luisteren in Mattheüs 6 betekent het allerminst dat we waardeloos zijn. Zelfs een grasspriet is al een wonder van God. Hoeveel meer een lelie! Zij leven onbezorgd en stralen. Tegelijk zijn ze er vandaag, en morgen zijn ze weg. Zo zijn ook wij mensen van de dag. In tegenstelling tot het Woord van de Heere. Dat blijft altijd. In het bijzonder betekent dat het verkondigde Woord, het evangelie van Jezus Christus, de Gekruisigde en Opgestane. Wie op dat Woord is aangesloten, dat eeuwig blijft, blijft zelf ook eeuwig!

Verwerking

1. In dit gedeelte zie je heel vaak woorden en zinnen die herinneren aan de Exodus, de uittocht uit Egypte van Israël, Pesach. Kun je hier wat van opnoemen?

2. Bij vers 13: welke dingen kunnen jouw bewegingsvrijheid en nuchterheid belemmeren? Hoe zorg jij er zelf voor dat je je verstand mobiel houdt?

3. Doe je nu iets anders dan voor je geloofde? Kun je daar iets van benoemen? Heeft dat te maken met wat Petrus schrijft in vers 14/15?

4. Hoe ziet een heilige levenswandel er volgens jou uit? Wat doet een heilig iemand absoluut wel of juist niet?

5. Werkt het nadenken over God die oordeelt belemmerend of stimulerend in jouw leven? (vers 17) Hoe kan het verbonden worden met de hoop op de genade in de openbaring van Jezus Christus?

6. Lees vers 18 en 22 nog eens aandachtig voor jezelf.
   a. Wanneer heb jij je ziel gereinigd?
   b. Kun je dat verbinden met wat Jezus zegt in Johannes 8:36?
   c. Waaruit blijkt je vrijheid?

7. Zowel in vers 23 als 25 wordt geschreven over het 'Woord van God'.
   a. Wat wordt daarmee bedoeld, denk je?
   b. Welke rol speelt het 'Woord van God' in jouw leven?
   c. Welke moeite ervaar je bij de discipline om het 'Woord van God' te onderzoeken?

Notities

3 Levende stenen en uitverkoren priesters

1 Petrus 2:1-12

In dit tekstgedeelte gaat het onder andere over 'ingemetseld worden' en 'uitverkoren', 'priester' en 'vreemdeling' zijn. Wat roepen deze woorden bij je op? Deel je associaties eens.

Vers 1-3

Uitkleden en aankleden

Een oldtimer wordt gestript alvorens hij er weer opgetuigd en 'strak' bij staat. Dat betekent niet dat hij niet meer de oude is. Door de opknapbeurt is hij juist meer zichzelf geworden. Als nieuw! Om zo'n klus vol te houden, moet je liefde hebben. Als Petrus toewerkt naar het ingemetseld worden in Gods tempel, waarin Jezus Christus de belangrijkste plaats inneemt, vereist dat grondig werk en zelfdiscipline. Elke hindernis, alle ballast, de zonde, moet weg. Wat voor persoonlijk geldt (1 Korinthe 6:19), geldt uiteindelijk ook voor heel Gods wereldwijde en alle tijden omvattende 'gebouw'. Een tempel van God zijn – bewoond worden door de heilige Geest – vereist een passende levensstijl. Petrus noemt niet een vijftal zaken waar je mee moet afrekenen. Nee, ze dienen zich op tal van manieren aan. Drie keer gebruikt hij 'alle', dus in elke vorm.

Melk of vast voedsel?

Weer worden zoals je bent bedoeld, gebeurt door het drinken van de zuivere melk, daar wordt Gods Woord mee bedoeld. Dat staat tegenover een onzuivere levenswandel. De leegte moet goed opgevuld worden, om terugval te voorkomen. Petrus herinnert aan de wedergeboorte, het nieuwe begin van God met jou. Iemand die geboren is, die snakt naar melk. Hier is het dus niet negatief om naar melk te verlangen (zoals in 1 Korinthe 3:1-3). Het is alleen bij God te krijgen, in zijn Woord, dat nergens zichtbaarder en tastbaarder (proefbaar) wordt dan in Jezus.

Vers 4 en 5

Word ingemetseld

Als je goed over dit beeld nadenkt, is het een bizar beeld. Ingemetseld worden, dat is toch juist vrijheidsbeperking? Zeker als je het helemaal en alleen vanuit jezelf bekijkt. Maar hoe belangrijk en mooi kan een huis zijn? Hoe goed als alles past en werkt! Zoals God te midden van Israël wilde 'wonen' en dit zichtbaar maakte met de wolk van zijn heerlijkheid, zo wil Hij ook nu wonen in zijn gemeente als in een huis. Was voor Israël de tempel een voorafbeelding van de komende Christus en deed een deel van het volk

dienst als priester, nu is Christus onderdeel (fundament!) van een wereldwijd 'geestelijk huis'. En een gelovige is een steen, levend geworden met Hem en hij doet dienst als priester.
Het komen en ingemetseld worden is allerminst vanzelfsprekend. Voordat een steen 'komt' tot Jezus, moet hij levend gemaakt worden, wedergeboren. Alle mensen – dus niet alleen de Joden! – hebben Hem verworpen. Maar voor God was Hij uitverkoren en kostbaar. Tot die ontdekking kom je pas achteraf. Het 'komen' is dan niet afgelopen, maar blijft doorgaan!

Heilig priesterschap

Daar is het woord 'heilig' weer. Is priesterschap niet altijd iets heiligs? Apart gezet om toegewijd Hem te dienen? Zo was dat in het Oude Testament de bedoeling. Maar dat was niet altijd de praktijk. Je werd als priester geboren. We kennen verschillende voorbeelden van priesters die juist geen 'welgevallige offers' brachten en er een zondige levensstijl op nahielden. De nieuwtestamentische gemeente uit Israël en de volken vormen samen een huis en tegelijk een heilig priesterschap. Niet om ook nog wat 'voor de kerk' te doen. Nee, om helemaal te leven voor Hem en dankzij Hem.
Heilig priesterschap!

Aan de ene kant proef je dat er nu iets moois en rijks beschikbaar is voor alle mensen. Aan de andere kant is er ook de praktijk dat niet alle mensen Jezus als levende Steen ontdekken. Christenen in Petrus' tijd (en ook steeds meer in onze tijd) vormen vaak een minderheid. In plaats van daar zielig en moeilijk over te doen, mogen we dit ook zien als een kans om dienst te doen in de samenleving. Wij weten niet waar de doorwerking van Gods zegen ophoudt. We mogen wel als mens onder de mensen God lof brengen, zegenend nabij zijn. Christus bracht het offer van zijn leven, door te sterven. Daardoor is er geen (bloedig) offer meer nodig. Wij mogen met ons leven liefde en lof als offer mengen, voor God en onze naaste!

Vers 6-8

Uitverkoren in de Uitverkorene!

Mooi en positief schrijft Petrus over het handelen van God in Christus en de gevolgen voor hen die dat ontdekken. Wie eenmaal op de Hoeksteen is gestuit, moet kiezen.
De keuze moet in geloof gemaakt worden, terwijl pas uiteindelijk blijken zal dat dit de goede keuze is: je wordt niet beschaamd! Voor gelovigen is Jezus kostbaar. Hij blijkt de Steen te zijn, onmisbaar om het gebouw bijeen te houden en te laten functioneren.
Anders spreekt Petrus over hen die zich stoten aan het evangelie van Jezus Christus. Als een bouwvakker zich heftig stoot, komt er meestal niet zoveel priesterlijks uit. Hoe kun je je nu aan Christus stoten, denk je misschien? Wellicht is het voor ons een al te kloppend verhaal geworden. Genade is stotend, zeker voor iemand die zelf ook wat in de melk te brokkelen wil hebben. Zeker als genade betekent dat niet ik bepaal naast wie ik ingemetseld word in Gods gebouw ... Als Hij dat gebouw optrekt uit stenen die ik als misbaksels beschouw ...

Hoe ingrijpend als Petrus schrijft: waartoe zij ook bestemd zijn. Eerst is daar het 'stoten' aan Jezus, daarna volgt pas de verklaring 'bestemd'. Laten wij ook aan die volgorde vasthouden voordat we ons eraan stoten. Onze verantwoordelijkheid voor hoe wij op Jezus reageren, staat dus voorop!

Vers 9 en 10

Heerlijke titels

Onvoorstelbaar wat de Jood Petrus hier zegt tegen christenen uit de heidenen. Hij past de grootste rijkdom en roeping toe op zijn nieuwe broeders en zusters uit de heidenen. Petrus is niet iemand die leert dat de kerk in plaats van Israël is gekomen. Die gedachte is schadelijk. Petrus hoor je echter ook niet spreken over de exclusiviteit van zijn eigen volk. De Geest van God werkt inclusief. Geloof in Christus is beslissend om ingemetseld te worden in Gods huis. De geestelijke roeping van Israël is dan ook de roeping van de nieuwtestamentische gemeente. Dit sluit niet uit dat er nog afzonderlijke beloften liggen voor het volk van Israël.
Israël was een volk dat God Zich tot zijn eigendom maakte. Heel het Oude Testament is daar vol van. En hoeveel had Hij daar ook voor over. Alles! Als kleinste onder de volken, bleef het toch in alle kwetsbaarheid bestaan. Om als bevoorrechte van Hem te getuigen in de wereld. Overigens was dat wel iets waar Israël soms onder zuchtte. Anders zijn en toegewijd zijn, is een voorrecht dat je steeds opnieuw moet ontdekken. Mooi om te lezen hoe de titels hier samengesteld zijn. 'Uitverkoren geslacht', 'koninklijk priesterschap' en 'heilig volk'. De uitverkiezing is niet te individueel, het priesterschap is – naar Petrus' opvatting – er een van alle onderdanen van zijn heerlijk koninkrijk. Het hele volk – uit Israël en alle volken – vormt samen een ander volk: apart gezet en toegewijd.
De titels leggen elkaar uit en vullen elkaar aan.

Uitverkoren tot

Opnieuw blijkt dat 'uitverkiezing' geen gelukkig lot is, dat sommigen treft en anderen niet. Je wordt uitverkoren om God eer te brengen vanwege zijn Uitverkorene Jezus, en om de andere uitverkorenen (wij weten niet wie het zijn) bijeen te brengen. Het is de bedoeling dat aan ons gemerkt, geroken en geproefd wordt wie wij hebben leren kennen (lief gekregen, vgl. 1:8) en wat Hij heeft gedaan. Zo word je net als Jezus aantrekkelijk of afstotelijk.

Parallellen met Israël in Hosea's tijd

De profeet Hosea moet aan Israël de boodschap brengen, via de namen van zijn kinderen 'Lo-Ammi' en 'Lo-Ruchama': 'niet Mijn volk' en 'niet zal Ik Mij ontfermen'. (Hosea 1) Later mag Hosea toch weer verkondigen dat God het daar niet bij laat. Israël zal toch weer 'Mijn volk' zijn en God zal zich toch weer over zijn volk ontfermen. Wat voor Israël voor een korte tijd van oordeel gold, is voor de heidenen voor een veel langere periode het geval. Dat Hij zich na Pinksteren ook over de heidenen ontfermt en hen zelfs inlijft in 'zijn volk' is het grote wonder van genade!

Vers 11 en 12

Een voorbeeld voor de heidenen

Er zijn mensen die zich aan het Woord stoten en daarvoor bestemd zijn, stond er eerst. Dat kan heel je denken verlammen. En het kan je geloofsleven belemmeren. Maar dat is niet de bedoeling! In vers 12 zie je dat juist je levenswandel als christen inderdaad aanstoot kan geven. Het is zelfs heel begrijpelijk. (Kijk maar eens naar een christen door de ogen van een buitenstaander.) Maar blijkbaar is God wat van plan met mensen die zich eerst stoten aan zijn Woord, aan zijn Hoeksteen Jezus en aan levende stenen, aan christenen. Petrus schrijft: zij zullen God mogen verheerlijken op de dag dat er naar hen omgezien wordt.

Verwerking

1. a. Wat voor gevoel krijg je bij de gedachte 'ingemetseld' te worden in Gods geestelijke huis, op Jezus Christus als Hoeksteen?
   b. Welke troost put je uit dit beeld?
   c. En welke roeping ligt in dit beeld ook opgesloten als het gaat om de gemeente?

2. Petrus is (net als Paulus) blij en verwonderd over de verkiezing.
   a. Hoe kun je voorkomen dat het getob wordt?
   b. Helpt het als je bedenkt dat 'uitverkiezing' een doel heeft?
   c. Welk doel is dat?
   d. Heb je je ook weleens aan Jezus 'gestoten'? (Wanneer?)

3. a. Wat doet een priester allemaal?
   b. Zie je parallellen met jouw geloofsleven nu en het werk van een priester, zoals Petrus suggereert?
   c. Welke geestelijke offers zouden wij nu kunnen brengen?
   d. Betekent een 'koninklijk priesterschap' dat we allemaal iets moeten doen in de gemeente?
   e. Ben je priester voor God of voor je naaste?

4. Een vreemdeling (vers 11) is iemand die deel uitmaakt van de bevolking, zonder erin op te gaan. Hij blijft een vreemdeling, import, niet helemaal eigen.
   a. Herken jij dat als christen ook? Zo ja, waarin?
   b. Hoe wordt in ons land (bijv. in de media) tegen christenen aangekeken?
   c. Was het voor de gelovigen in Klein-Azië gemakkelijker om 'vreemdeling' te zijn dan voor ons of juist niet?

5. Voormalig scriba van de PKN, dr. A.J. Plaisier, zei: 'Een wapen in de hand van de antichrist is een wereld die barmhartiger is dan de kerk.' Hij bedoelde niet de bijbelse barmhartigheid, maar de nageaapte barmhartigheid.
   a. Begrijp je wat hij met die uitspraak bedoelde?
   b. Als je vers 12 dan op vandaag toepast: wat kunnen we verwachten?

Notities

4 Omgaan met gezag

1 Petrus 2:13-25

Je leidinggevende komt met een big smile naar je toe. 'Je kijkt zo somber', zegt hij. 'Tijd om je wat op te vrolijken!' Je bent er nog niet zo lang. Je hebt net je tweede halfjaarcontract. Hij heeft een geweldige 'Jezus-mop' en al je collega's lachen erom ... Wat gebeurt er met je? Wat zou je in zo'n situatie kunnen doen?

Vers 13-18

Mensen met gezag

Wat Paulus heel uitvoerig schrijft, komt bij Petrus in een notendop terug (zie: Romeinen 13 en Galaten 5). Mensen aan wie Petrus schrijft, leven niet in een democratische samenleving. Ze hebben werkelijk niets te vertellen en als andersdenkenden, als minderheidsgroep, moeten ze goed nadenken over hun levensopstelling. Als christen ben je al 'vreemd genoeg'. Je moet niet onnodig de verhoudingen op scherp zetten, maar zoveel mogelijk goeddoen.
'Onderwerpen' heeft bij ons een negatieve klank. Dat is hier niet aan de orde, want het gaat om 'onderwerpen omwille van de Heere'. Dus om de christelijke vrijheid, waaraan een vrijwillige keuze ten grondslag ligt. Jezus zelf is Bron en Voorbeeld. Hij die de meeste was en is, werd de minste. Tegenover zijn vrienden, door hen de voeten te wassen. Ook tegenover vijanden, door zich gevangen te laten nemen, zich onder hun gericht te stellen. Wie aan Hem zijn vrijheid heeft te danken, zal ook in zijn voetspoor proberen te leven. En zoveel mogelijk goeddoen.
Mooi hoe Petrus dat hier verwoordt. Hij weet van ongelijkheid en tegelijk van gelijkwaardigheid. We zijn allemaal schepselen. Een gezagsdrager niet minder dan een onderdaan. Voor God zijn we in die zin ook gelijk. Maar niet voor elkaar. God heeft mensen op verschillende plaatsen gezet, gezag toegekend. Omwille van de goede orde. Mensen met hun gaven en talenten en ook met hun eigenaardigheden en gebreken. Met vaak een zucht naar macht. Dat is weleens slikken. Christenen worden opgeroepen de heilige kunst te verstaan daar goed mee om te gaan. Heel bewust, als vrije mensen, als slaven van God!

De genade van nederigheid

Wat hebben we Gods genade hierbij nodig. Wat kunnen we ons ergeren aan mensen. Het kan tot haat en minachting leiden. Een gezagsdrager als een politieman kan een verkeerde inschatting maken. Ouders kunnen minder 'geleerd' zijn dan hun studerende kinderen. Een baas kan onredelijk zijn als hij zelf gestrest is. Het zijn zaken waar je onder kunt lijden. Maar het kan ook leiden tot hoogmoed: ik kan het beter. Heilzaam is het om te bedenken dat de Schepper elk schepsel een plek geeft. Ieder moet aan Hem

verantwoording afleggen. Gezagsdragers zijn ook medeschepselen. Mensen die afhankelijk zijn van genade, net als jij.
Opnieuw klinkt de oproep 'iedereen in ere te houden' (vers 17). Want iedereen is schepsel van God en verdient als zodanig respect. Dat geldt in dubbele mate voor broeders en zusters onderling. We hebben elkaar nodig! In het vrezen van God als onze Heere, ligt ook het respect naar de van God gegeven gezagsdrager besloten. Zelfs huisslaven die een meester (hier 'despoot' genoemd) hebben die verkeerd handelt, hebben te maken met een gegéven gezagsdrager. Geloof in Christus, verbondenheid met Hem, moet het mogelijk maken te blijven dienen, zonder verbittering.

Niet actueel meer ... of toch nog wel?

Als wij in onze tijd van democratie en vakbonden deze woorden lezen, kunnen we ons de uitwerking van Petrus' woorden nauwelijks voorstellen. Wat verdragen wij doorgaans weinig! En wat we verdragen, doen we vaak vanuit de houding van slachtoffer. Niet van een dankbare slaaf van Christus. Daardoor vallen we helaas ook weinig (positief) op. Tegelijk kunnen ook wij ons in een eenzame positie bevinden. Bijvoorbeeld door die 'Jezus-mop' op ons werk. Grenzen waar je je aan houdt. Welke houding neem je dan toch aan? Hierin helpen Petrus' woorden.
Proef je mee dat een leven als herkenbare minderheid, die lijdt, je dichter bij God kan houden dan een leven in vrijheid zoals we dat in Nederland kennen? Daar kun je op zich niet zoveel aan doen. Wel geldt dan des te meer de waarschuwing: gebruik die vrijheid (in Christus) nu goed. Want er wordt ook vandaag op je gelet!
We kunnen van dit gedeelte leren om nog wat meer verdraagzaam te zijn als vrije keuze. We zijn misschien wel erg snel aangebrand en onverdraagzaam. Bijvoorbeeld ten opzichte van onze ouders, echtgenoten, directieleden, belastinginners.

Vers 19-21

Lijden omwille van het goede

Hier zien we glashelder dat genade niet goedkoop is! Het gaan in het voetspoor van Jezus trekt letterlijk sporen in ons leven en lichaam. Een huisslaaf bijvoorbeeld kon lijfstraffen krijgen voor ongehoorzaamheid. Maar wat is gehoorzaamheid? Aan wie moeten wij gehoorzamen? Petrus heeft allereerst benadrukt dat, waar mogelijk, wij de aardse gezagsdragers moeten respecteren en dat wij moeten blijven goeddoen. Mooie voorbeelden hierbij zijn Jozef en Daniël. Het komt hier op aarde overigens niet altijd goed als wij de goede houding aannemen (zie bijvoorbeeld Hebreeën 11:35-37).

Vreemde genade

Petrus schrijft dat het genade is als je lijdt om het goede. Wat is daar nu genade aan? Het is juist oneerlijk, onrechtvaardig, om je boos over te maken! Genade, zegt Petrus. Want je kent Iemand die hetzelfde heeft meegemaakt. Iemand die je lief en dierbaar is geworden. Als iemand goeddeed, dan Hij! Wat heeft Hij veel geleden. Als de lijdende Knecht uit de profetie van Jesaja. Petrus schrijft dat Christus voor ons heeft geleden. Paulus benadrukt veel vaker dat Christus voor ons is gestorven. Petrus ontkent dat ze-

ker niet. Maar de mensen aan wie hij schrijft, lijden als gelovigen. Zij mogen zich troosten met het feit dat Christus voor hen heeft geleden. Nu zij voor Hem! Dat is genade. Het is anders dan de crimineel die lijdt. 'Wij toch rechtvaardig', zegt een van de misdadigers aan Jezus' zijde aan het kruis. 'Maar Deze heeft niets onbehoorlijks gedaan!' (Lukas 23:41) Dat geeft verwondering. Het wekt zelfs geloof. Zo mogen christenen volharden in het goeddoen. Terecht gestraft worden, besmeurt de naam van Christus. Onterecht gestraft worden, verheerlijkt Hem!
Petrus heeft deze woorden van Jezus: Lukas 6:33-35. Duidelijk is hierbij echter dat er ook sprake is van een beloning. Dat valt hier bij Petrus niet zo op. Je moet doordenken: het lijden van Christus ging over naar sterven, maar Hij stond op uit de dood. Als wij om Hem lijden, zullen wij diezelfde weg gaan!

Vers 22-25

Navolging van een onnavolgbaar Voorbeeld

Hier spreekt een ooggetuige van het lijden van Jezus. Vooral van zijn houding daarin. Een houding die Petrus zelf lange tijd vreemd is geweest. Hij verzette zich juist tegen deze houding, die hij nu predikt! Ook als lijdend mens is het leven de moeite waard, als dat lijden verbonden kan worden aan het lijden van Christus.
Petrus schildert Jezus, Die Zelf onze zonden in Zijn lichaam gedragen heeft op het hout, niet als een slachtoffer. Jezus beheerste zich in alles. Hij gaf zich over aan aardse, onrechtvaardige gezagsdragers, maar tegelijk gaf Hij het over aan Degene die rechtvaardig oordeelt. Jezus was dus allerminst passief. En waar een woord gepast was of werd gevraagd, antwoordde Hij ook. Maar niet verbitterd, zonder wraak, zonder terugdoen... Jezus gaf de dingen over in de handen van Hem die rechtvaardig oordeelt. Wat maakt het vandaag zo moeilijk voor ons om zo te leven? Waarom willen wij zo graag in het hier-en-nu in het gelijk gesteld worden en voor onze 'rechten' opkomen? Dat heeft te maken met het feit dat het besef van Gods aanwezigheid in ons dagelijks leven lijkt verdwenen. In de politiek, op tv, ook bij onszelf. Daardoor is het moeilijker dingen aan God over te geven. Dat maakt ons minder verdraagzaam. En dus ook minder liefdevol. De liefde verkilt ... Tijd om ons opnieuw te bekeren! Tot de Herder, die zelf zo dicht bij zijn hemelse Vader leefde dat Hij de dingen kon overgeven aan Hem.
Jezus is niet alleen voorbeeld. Wij kunnen zelfs niets met dit voorbeeld zonder te beseffen dat Hij onze zonden heeft gedragen. Hij deed het voor ons en Hij deed het ons voor! Petrus schrijft aan 'bekeerde' mensen. Mensen die opnieuw geboren zijn. Petrus kent zichzelf als een schaap dat onbedacht zijn herder heeft verloren. Maar de Herder van Pasen heeft ook het schaap Petrus weer teruggevonden en zelfs als herder in dienst genomen! Petrus heeft zelf uiteindelijk beoefend wat hij lange tijd uit de weg is gegaan. Hij heeft getuigd van Jezus en gehoorzaamde God boven de gezagsdragers, die hij tegelijk respecteerde. Het bracht hem op plaatsen van lijden, waarbij er soms uitkomst was, soms niet. Maar het gaat van lijden naar heerlijkheid, van kruis naar kroon!

Verwerking

1. a. Wat roept het woord 'gezag' bij je op?
   b. Is dat ook de betekenis van het woord?
   c. Waar ligt nu de grens van gezag, als het bijvoorbeeld strijdig is met je geloof?
   d. Er wordt wel gezegd dat er sprake is van een gezagscrisis: herken je dat? Indien ja: waardoor zou dat komen?

2. a. Welke rol speelt politiek in ons leven? (Voorbede voor overheid? Koningshuis?)
   b. Kun je vanuit de Bijbel iets zeggen over een 'democratische samenleving' of andere vorm van staatsbestuur?
   c. Hoe moet je hier als christen je plaats in innemen?
   d. In hoeverre kunnen wij gebruikmaken van onze 'verworvenheden' en 'rechten' in onze samenleving?

3. a. Hoe zou je als christen de 'Belastingdienst' moeten bejegenen?
   b. Is dat zo ongeveer ook wat Petrus hier bedoelt?

4. Lees vers 15 nog eens heel grondig. Wat is nu de wil van God?

5. Onze positie vandaag is zo heel anders dan die van de lijdende christenen toen.
   a. Komen wij in Nederland ook vormen van lijden tegen als christen?
   b. Vind je dat Petrus de lijdende (huisslaven) passief maakt of juist actief? Hoe dan precies?
   c. Op welke manier kun je assertief zijn als christen?

6. Als je moet lijden als christen (dus omdat je goeddoet en juist daarom bespot wordt of mishandeld) is dat genade, schrijft Petrus. Je kunt dan dankbaar zijn, omdat je zo ook heel dicht bij Jezus bent.
   a. Herken je dat?
   b. Herken je ook dat het moeilijk is om dingen aan God over te geven en zo kracht te vinden om het goede te doen?
   c. Hoe zou het komen dat wij vandaag steeds meer in het hier-en-nu zijn gaan leven?

Notities

Notities

5 Hoop op beterschap

1 Petrus 3:1-12

Wie wil er geen verandering? Dat dingen beter of aangenamer worden. Dat speelt op elk niveau waar mensen met elkaar te maken hebben. Denk eens na over de vraag wat jij graag anders zou zien. Wat heb je er zelf voor gedaan?

Vers 1-4

Zo zijn we niet getrouwd ...

Na veel lijden onder vormen van gezag te hebben benoemd, komt Petrus op een nog teerder vlak: het huwelijk. Een prachtig van God gegeven verbond tussen twee mensen. Maar ... ook daar kan geleden worden! Lijden roept verzet op, revolutie, in de hoop op verandering. Als Petrus weer oproept om gegeven gezagsposities te aanvaarden, doet hij dat echter op een revolutionaire manier, eigen aan het evangelie van Jezus Christus. De manier van vrijwillige, actieve onderwerping en een liefdevolle levenshouding.

Wees mooi

Lees Petrus' aanbeveling niet als een verbod op het mooi maken van jezelf. Tegen mensen met weinig eigenwaarde moet je soms zeggen: 'Zorg eens wat beter voor jezelf! Dat ben je waard.' Wat bedoelt Petrus dan als hij zo nadrukkelijk oproept daar het sieraad niet in te zien? Door 'een nieuwe look' wordt geen mens gered. Ook een echtgenoot niet. Een mooi uiterlijk is geen compensatie voor een man die een christelijke vrouw moet 'verdragen'.
De uitdaging ligt niet in het uiterlijke sieraad. Die ligt in ons gedrag, in onze levenshouding. Echt sierlijk is wat voor God sierlijk is: een reine levenswandel! De verborgen mens van het hart, je binnenkant. Iemand met een zachtmoedige en stille geest is kostbaar voor God. Moeilijk genoeg overigens. Zeker als je partner niets met het geloof heeft. Daar lijkt Petrus het juist over te hebben. Niet verwonderlijk in een tijd dat het christendom zich aan het verspreiden is. Dan zal er meer dan eens sprake zijn van bekering, waarbij niet beide partners (vanaf hetzelfde begin) betrokken zijn. In die tijd nam je als man wel je vrouw mee in de geloofsovergang. Andersom was dat zeker niet zomaar het geval.
Bovendien is het helaas voor te stellen dat het voor een man ook veel moeilijker is om een verandering van zijn vrouw te aanvaarden. Hij zal echter niet echt onder de indruk raken als zijn vrouw over alles en iedereen oordeelt en kletst. Dat zal eerder zo zijn als hij ziet dat ze echt door de ontmoeting met Jezus veranderd is. Het vraagt dus van de vrouw nogal wat om de goede houding aan te nemen. Die houding is alleen in te nemen en vol te houden in innige verbondenheid met God zelf. Dan is deze houding ook revolutionair en wellicht vernieuwend, levensreddend. Vanwege de liefde die

Christus in de wereld bracht en die zo wordt doorgegeven aan de (nog niet gelovige) man. De getrouwde vrouw schikt zich zoveel mogelijk onder haar man. Maar dat doet ze vrijwillig, actief, uit liefde om hem te winnen ... voor Christus!
Dat is toch anders dan dat we in onze tijd gemakkelijker zijn gaan denken over het aangaan van een relatie met iemand die niet (praktiserend) gelovig is. Bij Petrus is er sprake van huwelijken die al bestaan en die min of meer onder druk komen te staan, doordat - in de meeste gevallen - de vrouw tot geloof is gekomen.

Vers 5 en 6

Heilige vrouwen

Mooi om te bedenken wat Petrus hier nu voor ogen ziet. Ook spannend. Geen mooie vrouwen. Heilige vrouwen! Vrouwen die mooi zijn geworden door Gods Geest. Terwijl ze van zichzelf zeker niet zo heilig zijn. Bedenk alleen al eens hoe de mooie (!) Sara met Abraham meeging in alle gesjoemel in Egypte en later ook met Hagar. Helemaal niet zo heilig, zouden we vandaag zeggen. Zelfs de farao wordt er bepaald niet door ingewonnen. En Sara gebruikt het 'mijn heer' juist bijna spottend bij de aankondiging van Izaks geboorte (zie: Genesis 12, 16 en 18).
Toch blijven die twee bij elkaar. Veelzeggend voor Petrus' lezers dat ook zij vreemdelingen waren, in een land waar ze zich nooit helemaal thuis zijn gaan voelen. Samen gingen ze door zoveel dingen heen. Daarin is Sara altijd achter haar man blijven staan, ook al stond ze op momenten (bij het wegsturen van Ismaël) ook tegenover hem.
Echt een hulpe als iemand tegenover hem!

Altijd maar 'goeddoen'

Dat is het refrein van Petrus. Goed-doen, goed-doen, goed-doen. Als we vanuit ons recht gaan denken en handelen, brengen we de spanning er juist in en houden we vaak de machtsverhoudingen in stand. Voor elk woord is er een woord terug. Voor elke daad een daad ertegenover. Christelijke revolutie doorbreekt dat patroon. Goed blijven doen, waar je eerste gevoel zegt: dat is toch niet eerlijk! Door liefde, die niet bij de ander, maar bij jezelf (vanuit Christus) begint, kunnen omstandigheden veranderen.

Vers 7

Wet van de communicerende vaten

Het kan als onrecht worden ervaren om nu pas iets over mannen te lezen, en ook zo'n kort stukje tekst. Petrus behandelt niet het christelijk huwelijk waar beide partners in het geloof staan. Een man die echter vanuit een culturele gezagspositie, vanuit een lichamelijk en daarmee ook geestelijk overwicht, met zijn vrouw omgaat, valt niet op. Maar wel de man die het sieraad van zijn vrouw opmerkt en waardeert. Wie ze is, hoe ze is, wat ze doet. Hij valt haar niet af, maar hij valt haar bij. Stimuleert haar, houdt haar hoog.
De vrouw als 'de zwakkere' (in de Statenvertaling staat: 'het vrouwelijke vat') klinkt misschien wat denigrerend, maar dat is niet zo bedoeld. Al helemaal niet dat een vrouw

een gebruiksvoorwerp is. God is onze Schepper, de Pottenbakker. Hij maakt ieder vat zoals Hij wil. Ook mannen zijn vaten. Kijk maar naar Paulus (2 Korinthe 4:7). Als de vrouw de zwakkere wordt genoemd, vraagt dat om meer respect van de ander. Daarom wordt ze door haar man op handen gedragen!
Zo kun je zien dat Petrus, in een heel andere context, hetzelfde voorheeft met het huwelijk als Paulus. Het huwelijk is ook een van God gegeven verhouding. Een machtsverhouding werkt van boven naar beneden. Het staat positieve veranderingen vaak in de weg. Als gezagsverhouding kan verandering van onderaf bewerkt worden. In liefde het goede doen, kan degene die macht uitoefent het hart breken!
Belangrijk dat man en vrouw 'communicerende vaten' zijn, zeker bij verschillen. Als de een sterker is dan de ander. Maar ook als de gaven verschillen, de verlangens, de taak in de opvoeding. Er kan onderling o zo gemakkelijk verwijdering en verbittering groeien. Tegenover God ben je als broer en zus, die samen God als Vader hebben. Anders bereiken we wellicht de zilveren of gouden bruiloft nooit, maar is de hemel van koper!

Vers 8 en 9

Opwekking tot verdraagzaamheid

Nu volgt nu de samenvatting: ten slotte, een aanbeveling om dit alles vol te houden. De gemeenschap der heiligen is onmisbaar. Op plaatsen waar geleden wordt door christenen is de onderlinge gemeenschap, het samen bidden en bemoedigen, onmisbaar bij het volhouden.
Je merkt het als je op plaatsen komt in de wereld waar geloof veel minder vanzelfsprekend is. Dan is er helemaal geen aandrang nodig om naar samenkomsten te komen. Even met God-gezinden samen zijn, om bemoedigd en versterkt, door Woord en sacrament (!), de moeilijke taak van 'goed-doen' weer op te nemen in de wereld, op je werk, in je huwelijk. Om te blijven zegenen als het kwaad en de laster je treffen.
Opmerkelijk is dat het geheim van een gezegend leven niet het ontvangen van zegeningen is, maar het zegenen! Dat is de roeping van elke christen. Hier komt opnieuw het priesterschap naar voren.
Als gelovige minderheid geven we de meerderheid niet op. We kruipen niet in een slachtofferrol. Zelfs niet als we onterecht lijden en bespot worden. Nee, wetend van Jezus staan we op om goed te doen. Om te zegenen hen die ons vervloeken en pijn doen.
Net als bijvoorbeeld de Kopten in Egypte, die het vuil van moslims ophalen en sorteren.

Vers 10-12

O die tong!

Petrus grijpt terug naar zijn lievelingspsalm, Psalm 34 (hier 13-17a). Wie het in deze wereld als christen uit wil houden, die moet op zijn woorden letten. Zijn tong in toom houden. Een van de moeilijkste dingen om onder controle te krijgen: onze tong.
Wie dat kan is een volmaakt mens (zie ook: Jakobus 3:1-12). Gelukkig kan de Pinkstergeest tongen losmaken op de goede manier.

In het Nieuwe Testament lezen we nauwelijks van Gods ogen en oren. Nu Jezus is gekomen, weten we zeker dat wij gezien en gehoord worden, door deze Rechtvaardige! Voor mensen die lijden onder onrecht, zoals in Petrus' tijd en ook nu, is dit ontzettend belangrijk. Mensen kunnen ontzettend veel betekenen. Maar hoe zullen we het goede doen, zegenen, liefhebben, het kwade laten, et cetera, als God ons niet ziet en hoort? Petrus spoort aan een liefdevolle, welgemeende, priesterlijke houding in deze wereld aan te nemen. Een biddende houding. Laat de christelijke minderheid maar opvallen en haar werk doen door de revolutie van de liefde!

Verwerking

1. Je hoort veel over huwelijken en relaties. Er is nogal wat aan de hand op dat gebied. Ook schrikken we op als we ineens geconfronteerd worden met een scheiding.
   a. Wat kan vers 8 betekenen bij vers 1-7?
   b. Neem je je plek in de gemeente ook in als een broeder of zuster, of ervaar je dat heel anders? Hoe dan?

2. Petrus laat merken dat innerlijke sieraden belangrijker zijn dan uiterlijke. Hoe verhouden die zich tot elkaar, denk jij?

3. a. Geloof jij (nog) in de revolutie van de liefde, en waar beoefen je die?
   b. Wie mag jou bijstaan om dat vol te houden?

4. Lees vers 8 en 9 nog eens goed.
   a. Wat vind je van het profiel van een christen?
   b. Herken je je daarin?
   c. Wat heb je nodig om daarin te veranderen? (Lees: je te bekeren!)

5. Vers 10 en 11 putten uit Psalm 34.
   a. Zie je iets van deze woorden terug in onze tijd?
   b. Wat maakt het bedwingen van je tong zo moeilijk?

6. a. Hoe komt het, denk je, dat we in Nederland kerkgang minder nodig lijken te hebben?
   b. Hoe zou dat voor de lezers van Petrus' brief zijn geweest?
   c. Wat bedoelt Hebreeën 10:25 ons te zeggen als het hierom gaat?

Notities

Notities

6 Rekenschap van de hoop en van de doop

1 Petrus 3:13-22

Je hebt een goed gesprek, denk je, over het geloof. Dan ineens is die uitspraak er weer: 'Als ik zie wie daar vooraan in de kerk zitten, met een enorm vrome kop ... en als ik weet hoe ze doordeweeks leven, nou, dan hoef ik daar echt niet tussen te zitten, hoor! Ik geloof wel, maar dat doe ik op m'n eigen manier.' Wat moet je dan? Hoe reageer je daarop?

Vers 13-15

Navolgers van het goede, altijd

'Wie goed doet, goed ontmoet', is het gezegde. Vaak is dat ook zo. Als je als behulpzaam, vriendelijk en eerlijk bekendstaat, wordt dat door de meesten in je omgeving gewaardeerd. Mensen verwachten het zeker van je als je christen bent. Het wordt irritant als het niet oprecht is. Mensen voelen dat heel goed aan.

'Navolgers' veronderstelt dat iemand dit heeft voorgedaan. Er zijn voorbeelden genoeg van geloofshelden. Jozefs gedrag dwingt in Egypte respect af. Petrus' eigen gedrag natuurlijk ook. Paulus roept zelfs vrijmoedig op om hem na te volgen. Goed om te beseffen dat al deze mensen door schade en schande zelf hebben geleerd wat navolging is. Zo kunnen we vers 14 begrijpen, zonder tegen te sputteren. Het zijn Jezus' eigen woorden: 'Zalig zijn zij die vervolgd worden om de gerechtigheid, want van hen is het Koninkrijk der hemelen. Zalig bent u als men u smaadt en vervolgt, en door te liegen allerlei kwaad tegen u spreekt, omwille van Mij.' (Mattheüs 5:10-11) Van niemand geldt dit meer dan van Jezus Christus. Hem moeten we navolgen in het doen van het goede, van gerechtigheid. We moeten niet vreemd opkijken als niet iedereen dat leuk vindt. 'Wees niet bevreesd voor hen,' zegt Jezus in Mattheüs 10, 'die het lichaam doden en de ziel niet kunnen doden, maar wees veeleer bevreesd voor Hem Die zowel ziel als lichaam te gronde kan richten in de hel.' Gefeliciteerd ben je als je lijdt om het goede!

Heilig God, de Heere, in uw hart

Voor hij praktisch wordt, schrijft Petrus dit er even bij: Heilig God, de Heere, in uw hart. Je hart, dat is je diepste motivatie. Van huis uit komt er uit ons hart niet zoveel goeds. We verschillen niet zoveel van de mensen onder wie we soms moeten lijden. Maar als ons hart opengegaan is voor God als Heer van ons leven, moet verandering ook daar beginnen. Heilig God, de Heere in je hart, dat betekent dat Hij aan de basis van je leven staat. Dat je je leven apart zet om Hem toegewijd te dienen. Mooi bezingen we dat altijd met Psalm 86: 'Leer mij, HEERE, Uw weg, ik zal in Uw waarheid wandelen, maak mijn hart één om Uw Naam te vrezen.' Als de basis goed is, kan ik overal dezelfde zijn.

Waar ik onzeker ben, ben ik me altijd maar aan het aanpassen en camoufleren. Juist als de diepste overtuiging Christus is, wordt het eenvoudiger van Hem te getuigen. Zelfs als dat onverwacht wordt gevraagd. Als het goed is, roept mijn levenswandel vragen op. Niet te snel je verschuilen achter het feit dat je nog steeds zonde doet, zou Petrus zeggen. Er is geen ruimte meer voor zonde als je een navolger van het goede bent. Maar wees je ervan bewust dat je een vreemdeling bent op aarde en dat dus ook je gedrag bevreemding oproept. Als minderheid moet je niet al te triomfantelijk de straat op met het evangelie. Wees wel altijd bereid uitleg te geven. Let wel: ze vragen niet naar je geloof, maar naar je hoop! Mensen zijn op zoek naar hoop! Waar is jouw hoop op gebaseerd? Wat drijft jou om te geloven?

Vers 16-18a

Een goed geweten

Een ouderwets woord voor geweten is conscientia. Het betekent letterlijk 'medeweten'. Er is iemand die weet wat jij weet. Opvoeding heeft te maken met de vorming van het geweten. Een goed geweten is meer dan een alarmsysteem. Het weet dat God alles weet en vindt daar diepe troost in (Psalm 139). Als je oprecht bent voor God, ook over je zonden, is er niets troostrijker dan te weten dat God alles weet en ... zijn hand op je legt, altijd! Hij weet ook en doet mij weten wat ik moet doen.
Soms klinken er verwijten waar je je moeilijk tegen kunt verdedigen. Ten diepste hoeft dat ook niet. Maar wat kan het onrechtvaardig en gemeen zijn als iemand iets over je suggereert, iets negatiefs, wat niet klopt. Blijf dan toch het goede doen. Hij kijkt mee! Vroeg of laat (al is het heel bijzonder als het gebeurt!) geeft iemand toe dat hij ernaast zat. Zelfs gelovigen begrijpen niet altijd de keuzes van andere gelovigen in het navolgen van Christus.

Lijden, maar waarom?

Aan alles is te merken dat Petrus' lezers geen gemakkelijk leven leiden. Het christen-zijn heeft van hun leven geen glijbaan gemaakt. Op allerlei posities staat hun integriteit ter discussie. Petrus heeft een schrale troost. Als je lijdt omdat je iets verkeerds hebt gedaan, wat is daar eervol aan? Niets! Maar als je lijdt om het goede, weet je dan in de nabijheid van de Heere. Het is Gods wil, Gods genade, als je voor Hem mag lijden. Je gaat er nooit doorheen zonder je Vader (Mattheüs 10:29/Heidelbergse Catechismus 1:1).

De lijdende Christus

Petrus heeft een veel grotere troost. Het grote en onnavolgbare Voorbeeld is Christus. Petrus legt in zijn brief veelzeggend vaak de nadruk op het 'lijden van Christus' en niet op 'het sterven van Christus' voor ons. Hij wil het laatste niet ontkennen, maar veel meer benadrukken hoezeer een lijdende christen zich in de nabijheid van de lijdende Christus bevindt. Met altijd dit verschil: Hij is rechtvaardig, waar wij straf hebben verdiend. Maar omdat Hij ons zo tot God heeft gebracht (hierin is Hij onnavolgbaar!), mogen wij nu (als genade!) ook in zijn voetspoor treden.

Vers 18b-20

Moeilijke teksten

Dit gedeelte is voor velerlei uitleg vatbaar. Daarom moeten we er voorzichtig mee zijn de betekenis vast te stellen. Als we er iets over zeggen, dan in samenspraak met andere bijbelgedeelten. We belijden dat Jezus 'nedergedaald is ter helle'. Dit volgt op zijn sterven. Op zijn roepen: 'Het is volbracht!' Wat bedoelen we ermee? Is Hij in het rijk van de dood geweest? Of in de hel, als plaats van eeuwige pijn? Is het de diepste vernedering of is zijn aanwezigheid daar juist overwinning? De tekst spreekt van Jezus' heengaan nog nadat Hij levend werd gemaakt door de Geest. Dat lijkt meer op Jezus' hemelvaart en overwinning dan op vernedering. Hij predikte daar, wat anders is dan evangeliseren. Van het effect ervan lezen we niets. Het lijkt erop dat ongehoorzame gestorvenen samen met de geestelijke (ongehoorzame) machten Jezus' overwinning te horen hebben gekregen, als voorschot op het laatste oordeel.
Geesten kunnen dus ook de gevallen engelen zijn, die ongehoorzaam zijn geworden. Zij zetten vandaag nog steeds aan tot het doen van het kwade. Christus heeft echter de kwade machten overwonnen toen Hij leed in het vlees, en levend gemaakt werd door de Geest. We spreken van de verzoening van Jezus door het overwinnen van de kwade machten. Moeilijk daarbij is dat boze geesten geen voorwerp waren van Gods geduld in de dagen van Noach, in tegenstelling tot de ongehoorzame mensen.

Vers 21 en 22

Rekenschap geven van je doop

De verbinding met de doop wordt nu duidelijker. Eeuwenoud is de gedachte dat doop gepaard gaat met afzwering van de duivel en kwade machten. Doop veronderstelt inlijving in het koninkrijk van God. Daarmee heeft het oude leven afgedaan. Daarom moet je een navolger zijn van het goede. Zelfs als dat lijden veronderstelt. Juist omdat Christus de kwade machten heeft overwonnen, is deze levenshouding voor christenen mogelijk: lijden en staande blijven, niet toegeven aan de verleiding van een makkelijker leven.
De doop is niet zozeer een terugblik, afwassing van de zonde, om weer met een schone lei te beginnen. Hoe nodig je je doop ook hebt op die manier. Het is veel meer de bedoeling dat wij een nieuw leven gaan leiden. Samen met God leven en daarom is de doop ook een vraag aan God om een goed geweten, zijn medeweten!
Petrus noemt de doop een tegen(anti)beeld van de zondvloed-geschiedenis. Belangrijk om daar niet van te maken: een beeld. Er zijn parallellen, maar ook verschillen.
Noach en zijn gezin, de acht, werden behouden in de ark en bleven droog, waar de wereld omkwam. Het natte doopwater waarin wij begraven worden met Christus, doet ons ook met Christus oprijzen tot een nieuw (gehoorzaam) leven. Een leven met een goed geweten. Leven uit de doop is dus iets wat concreet zichtbaar wordt in ons leven, iets wat anderen aan ons zien. Bovenal: wat God in ons ziet!

Vers 22 roept Jezus' belofte van Mattheüs 28:18-20 in herinnering. Hij heeft alle macht en is altijd bij ons. Daarom kunnen we nooit in een situatie terechtkomen waarin het hopeloos is (zie: Romeinen 8:31-39). Tegelijk veronderstelt zijn overwinning op de machten dat ook wij strijden tegen deze overwonnen machten. Hier schenkt Paulus uitgebreid aandacht aan in Efeze 6:10-18.

Verwerking

1. Hoe komt het dat christenen weleens tegenvallen in hun gedrag? Hoe verhoudt zich dat tot dit schriftgedeelte?

2. Hoe is jouw geweten gevormd door (geloofs)opvoeding? In welk opzicht heb je er steun aan? Waarin niet?

3. a. Welke geloofsheld uit de Bijbel spreekt je aan, met wie identificeer jij je weleens?
   b. Ken je ook een hedendaagse geloofsheld?

4. Waarom wordt er sneller naar ons geloof gevraagd dan naar onze hoop? Wat hoop jij ten diepste?

5. Welk belang hecht je aan de belijdenis dat 'Jezus is nedergedaald ter helle'? Lees je vers 18-20 nu anders?

6. De doop, Gods watermerk, komt meerdere malen ter sprake in de Bijbel.
   a. Ben jij gedoopt en wat betekent dat voor jou?
   b. Heeft jouw doop van jou een hoopvoller mens gemaakt? (Indien ja: in welke zin?)
   c. Ben je er ook actiever door geworden?

7. Er is veel aandacht voor vergeving door Jezus' kruisdood. Petrus vraagt ook aandacht voor Jezus' overwinning op de kwade machten. Dat verlegt (of verdeelt!) de aandacht van het focussen op zonde alleen, naar het strijden tegen de zonde en vooral het doen van het goede. Wat haal jij eruit voor jezelf?

Notities

Notities

7 Leven naar de wil van God

1 Petrus 4:1-11

'Leven naar de wil van God', wat roept dat bij je op? Is dat strijden tegen de zonde? Of is het focussen op het goede? Wat zijn jouw ervaringen hiermee? Speelt je doop een rol?

Vers 1 en 2

De wapenrusting van de doop

Petrus vat kort en krachtig Romeinen 6:1-14 samen. Wie aan Christus toebehoort, moet ophouden met zondigen. Het kan niet anders dan dat wij Degene die de zware last van Gods toorn over onze zonden voor ons droeg, dankbaar antwoorden met een nieuwe, christelijke levensstijl.

'Vlees' betekent hier niet het leven dat per definitie verkeerd is, een werelds leven, maar het lichaam, het aardse leven. De Zoon van God heeft dit 'vlees' voor ons aangenomen door Mens te worden. Hij leed en stierf voor ons. En wij met Hem (Galaten 2:20)! Ergens is ons leven dus al opgehouden op Golgotha. In het geloof zijn wij wedergeboren, tot een levende hoop. Ook het nieuwe is al begonnen.
Best verwarrend. In de praktijk van elke dag is er veel wat herinnert aan het oude. Opgehouden met zonde? We maken het elke dag erger! Zozeer dat je kunt twijfelen aan dat nieuwe leven, of het er wel echt is. We leven in de tijd dat we nog 'in het vlees' leven. We moeten steeds weer bedenken: mijn oude leven is met Jezus aan het kruis gegaan. De zonde is doodzonde. Ik moet er niet meer in investeren. Dat is alleen maar verlies. Jezus leeft in mij. Laat dat maar de ruimte krijgen. Dat is precies waarom ik de heilige Geest en het teken van de doop heb ontvangen. Om me er diep aan te herinneren: met Jezus in zijn dood gedoopt, zelfs begraven met Hem in de dood, om net als Hij op te staan in een nieuw leven. Ik voel dat niet allemaal. Ik geloof het. Ik mag en moet mij wapenen met deze gedachte.

De tijd die ons nog overblijft ...

Drie keer een uitdrukking die eraan herinnert dat Jezus komt. De tijd die ons nog overblijft in het vlees (lichaam), vers 2. Hem Die gereed staat, ... vers 5 en En het einde van alle dingen is nabij, vers 7. De wetenschap van Christus' (altijd spoedige) komst hoort bij de boodschap van het christelijke geloof. Het is juist een van de positieve elementen: de hoop! We zien ernaar uit dat Hij komt! Het is bemoedigend voor mensen die zwaar te lijden hebben, zeker als het een lijden is omwille van het geloof. Bemoedigend, omdat God recht gaat doen waar wij het recht niet in eigen hand kunnen en mogen nemen.
Dat Petrus er drie keer op wijst, heeft een aansporende werking. Een gedachte die helpt

ons leven op orde te krijgen. Als ik bezoek krijg, maak ik de boel netjes.
Als er eters komen, haal ik extra eten in huis. Als ik ga trouwen, ben ik maandenlang bezig met voorbereidingen. Voor een examen studeer ik. En ... wat doe ik nu als Jezus komt? Hoe wil ik aangetroffen worden door Hem? Wat wil ik graag dat Hij van me ziet? (Al weet ik dat Hij alles allang ziet!) Wat zou ik liever niet doen als Hij ineens zichtbaar in mijn leven stapte? Petrus voedt geen angst, maar wel het besef dat liefde voor Jezus ook vraagt om een consequente levensstijl.

Vers 3-5

Zonde: altijd lang genoeg

We volgen niet allemaal dezelfde 'route in het geloof'. Je kunt zolang je weet gelovig leven. Je kunt heel lang naar de kerk gaan, Bijbel lezen, bidden en ondertussen een leven leiden zonder God. Anderen waren nergens mee vertrouwd, tot zij met het geloof in aanraking kwamen. Zij zullen misschien het makkelijkst deze tekst lezen en op zichzelf toepassen. Lang genoeg gezondigd. Lang genoeg de wil van de heidenen gedaan. Met iedereen meegelopen in een dwingende vrijblijvendheid waar alles mag en kan ... Voor de meeste lezers van Petrus' brief geldt dat zij zijn opgegroeid in een leven zonder Christus. Dat betekent niet dat iedereen goddeloos of slecht leefde, maar wel dat zij God-loos leefden. Burgerlijk fatsoen is nog het enige wat functioneert als een rem in je leven op de zonde. Als anderen je meevragen hun uitspattingen te volgen, is er ook niet veel op tegen om dit te weigeren. 'Waarom dan?' vragen ze dan.
Je weet geen 'daarom'.
Daar is verandering in gekomen. Gods genade is dankzij Christus groot genoeg om de zonde uit te wissen. Maar je kunt er niet meer in blijven liggen! Je hebt altijd genoeg gezondigd. Met Christus gestorven aan het kruis, heeft als doel: met Hem opstaan in een nieuw leven. Gods wil doen. Leven uit de doop. Niet het oude leven voortzetten, terwijl je hoopt op een nieuw leven.
Heidenen moeten rekenschap afleggen aan Degene die jouw rekening droeg! Reken jezelf niet langer onder hen. Gedraag je niet net als hen. Reken er eerder op dat zij je niet kunnen begrijpen, vreemd vinden. Besef dat jouw eigen verleden een rol speelt of je ergens juist wel of niet moet of kunt zijn. Bestaat het gevaar dat je weer met 'hen' wordt meegetrokken, of kun je echt getuige zijn? In principe kun je – net als Jezus – overal zijn!

Vers 6

Een niet helemaal te kraken noot

Deze tekst lijkt op het eerste gezicht op 1 Petrus 3:19, maar is bij nader inzien toch heel anders. Als Petrus voor het woord 'doden' 'overledenen' had gebruikt, was deze tekst anders op ons overgekomen. Helemaal zeker weten we het niet, maar ook gezien het voorgaande vers en gezien 3:19, met een heel andere betekenis, komen we tot het volgende: de 'doden' zijn christenen die reeds gestorven zijn. Christenen die net als Stefanus (en Jezus) niet begrepen werden, veracht, veroordeeld. Joden die niet in Jezus geloofden, maar ook heidenen, begrepen niet wat die christenen voortdreef. Zij zijn gestorven! Je zou kunnen denken: wat heeft dat voor zin gehad? Hadden ze wel gelijk of zaten ze ernaast? Maar zij ontvingen, zegt Petrus dan, het eeuwige leven, het leven naar God in de geest. Het was niet voor niets!

Vers 7-11

En nu praktisch

Het leven met elkaar als gelovigen is hecht als een familie. Tegelijk geldt dan dat het niet automatisch goed gaat. Het kan heel mooi zijn, maar het vraagt ook oefening. Omdat de familie van God een nog veel grotere diversiteit kent. Het helpt – nog een keer – om te beseffen: het is tijdelijk! Dat geeft soms net iets meer kracht om de moeiten die ermee gemoeid zijn, vol te houden.
Misschien niet voor niets dat begonnen wordt met de gebedshouding. Aangesloten op de Bron van leven, kan ons nieuwe leven gestalte krijgen! Waarom nuchter en bezonnen zijn in ons gebed? Omdat als we 'onder invloed zijn' van het al te menselijke, we zomaar lange en volle gebeden bidden voor dingen die bijna voorbij zijn. Gezondheid, werk, studie, gezin, et cetera, het mag en moet allemaal een plek krijgen in onze gebeden. Wat zouden we onze hemelse Vader niet mogen vertellen? Tegelijk blijft de vraag hoe wij (en anderen) vrucht dragen en het volhouden, in tijden van moeite en verdrukking. Bezonnenheid en nuchterheid in onze gebeden maakt dat in onze gebeden doorklinkt dat wij Hem verwachten. En dat wij om Hem te blijven verwachten, ook dingen van Hem nodig hebben.

Verdraagzaamheid, een gestalte van de liefde, om elkaar te verdragen, in het huisgezin van God. Gastvrijheid, ook ten opzichte van mensen die meer van onze gastvrijheid genieten dan wij hun dachten te geven. Gastvrij zijn, zonder altijd waardering te krijgen die daarbij past. Liefde (1 Korinthe 13!) die menigte van zonden bedekt. Allereerst Gods liefde, die mijn en andermans zonden bedekt. En door die liefde aangeraakt, zelf delend in zijn vergeving, deel ik ook vergeving uit. 'Vergeef ons onze schulden, gelijk ook wij ...'

Goed om te beseffen dat de schatkamers van Gods veelsoortige genade nog lang niet leeg zijn. In ieder die wij ontmoeten als een broeder of een zuster in Christus, ligt ook een gave, een cadeautje, van God. Bedoeld om anderen op te bouwen, toe te rusten. Er zijn economen nodig, zegt Petrus, goede beheerders van het huis, om deze gaven op te sporen en op de juiste manier in te zetten: om de ander te dienen.

Geen humanisme waar je niet voor hoeft te geloven. Ik kan juist alleen dienen door nauw verbonden te zijn met God. Zo kan ik een woord spreken (geloofsopbouw), of dat nu een bemoediging of een vermaning is, dat niet minder dan een woord van God is. Zo kan ik dienen (verbondenheid), of dat nu openlijk en zichtbaar is of als mantelzorger waar niemand iets van in de gaten heeft, als iemand die dient uit de kracht van God. Als Hij zichtbaar wordt, oplicht, in mijn woorden en daden. Straks komt Hij en maakt zichtbaar dat ik Hem toebehoor. Voor altijd!

Verwerking

1. Ben jij iemand die focust op welke zonde je moet laten of ben je meer bezig met hoe je iets goed kunt doen? Wat maakt dat uit?

2. Waar herken je iets van de dynamiek die Petrus beschrijft als het gaat om je strijd tegen de zonde en de houding van anderen?

3. Van Maarten Luther is de volgende uitspraak bekend geworden: 'Als ik wist dat Jezus Christus morgen terugkwam, zou ik vandaag een appelboom planten.'
   a. Wat zou hij daarmee bedoeld hebben?
   b. In welke zin zou jouw leven veranderen als je wist dat Jezus morgen kwam?
   c. Welke dingen zou je niet meer doen, of juist wel?
   d. Wat maakt dat je dat tot op heden nog niet hebt gedaan?

4. Een levenshouding aanleren 'vanuit het nabije einde' (vers 7).
   a. Op welke manier draagt de doop daaraan bij?
   b. Hoe verandert je gebed erdoor?

5. Welke ruimte neemt gastvrijheid in jouw leven in? Wat zijn je ervaringen ermee? Ben je eerder gastheer/gastvrouw of te gast?

6. a. Wat is een genadegave eigenlijk?
   b. Welke twee doelen heeft een genadegave volgens vers 10 en 11?
   c. Wordt jouw gave ook benut in de gemeente en voor de opbouw van de gemeente?
   d. Reageer eens op de volgende stelling: als vers 10 en 11 in de praktijk wordt gebracht, doet iedereen wat, wordt niemand moe en bloeit de gemeente!

Notities

Notities

8 Lijden als een christen

1 Petrus 4:12-5:4

Er zijn veel vormen van lijden, zowel in je eigen levensomgeving als in brede verbanden. Welke vormen van lijden zijn typisch christelijk en welke zijn dat niet? Maakt dat uit voor hoe je naar lijden kijkt en hoe je lijden draagt?

Vers 12-14

Geliefden

Een woord om níét overheen te lezen! Geen heerlijker, evangelischer, blijer woord dan dit: geliefd! Dat is iets heel anders dan 'lieve mensen'. Dan ligt het accent op ons en ons gedrag. Geliefden blijken we te zijn dankzij het kruis op Golgotha. Christus is voor ons gestorven toen wij nog 'zondaars', 'krachteloos', zelfs 'vijanden van God' waren. Zo lief heeft God de wereld gehad ... Geliefd!

Niet vreemd?!

In vreemdelingschap zit een vorm van lijden verborgen. Anders zijn werkt een vorm van isolement, onbegrip in de hand. Vreemdelingen moeten het niet vreemd vinden als ze moeten lijden, alsof hun iets vreemds overkomt. En dan gaat het hier om pittig lijden: de hitte van de verdrukking onder u. Deze mensen zijn niet christen geworden om er beter van te worden. Niet vreemd? Nee, want Jezus had zijn discipelen hier al vaak voor toegerust. Dit staat je te wachten als je discipel van Mij bent, zegt Jezus. Wat voor het Joodse volk al een vertrouwde ervaring was, is voor gelovigen uit de heidenen nieuw.

Blij zijn?!

In Filippenzen 3 lezen we hoe Paulus, aangeraakt door de Opgestane zelf, ernaar verlangt Hem meer en meer te kennen. Ook door te delen in zijn lijden en in zijn dood. Een christen gaat dus de omgekeerde route. Eerst staat hij op uit de (geestelijke) dood en vervolgens gaat hij lijden en zelfs sterven! De werkelijkheid van de doop wordt in de praktijk van het geloofsleven steeds meer zichtbaar. Lijden kan dus een bevestiging zijn van echt geloof. Daar word je blij van. Wie wordt nu niet blij van bevestiging? Helemaal als je leest dat Jezus zegt dat het er echt bij hoort. Het doet ons des te meer uitzien naar Christus' verschijning in heerlijkheid (vers 13b)! Besef daarbij dat Christus voor ons heeft geleden, dan ga je iets beseffen van de blijdschap van de apostelen, onder wie Petrus, als ze gegeseld worden omdat ze van Jezus Christus hebben getuigd (Handelingen 5:41).

Dubbeleffect

Lijdende christenen, mensen die lijden vanwege hun christen-zijn, worden in dat lijden bemoedigd. Omdat Jezus heeft gezegd: 'Zalig bent u als men u smaadt en vervolgt, en door te liegen allerlei kwaad tegen u spreekt, omwille van Mij.' (Mattheüs 5:11) Dat is niet voor iedereen weggelegd. Je hoeft het ook niet te zoeken. Maar is het er, dan mag er blijdschap en aanvaarding zijn. De Geest van de heerlijkheid, Gods heerlijke aanwezigheid, wordt tastbaar. Zonde blijft zonde en wordt gestraft. Er is voor degenen die lijden veroorzaken geen verzachtende omstandigheid. God wordt gelasterd. Maar het evangelie leert ook met andere ogen kijken. In het zwakke, onedele, weerloze, ligt Gods kracht besloten. Die wordt in zwakheid volbracht.

Vers 15 en 16

Lijden als kwaaddoener

Er is verschil of iemand moordenaar, dief of kwaaddoener was of is. Het is voor buitenstaanders moeilijk genoeg om te zien dat er in de christelijke gemeente, rondom Christus zelf, ruimte is voor zondige mensen. Heel anders is het als christenen door blijven gaan, of terugvallen in de zonde. Terecht wordt er op christenen gelet. Vreemdelingen vallen op. Terecht mag van christenen verwacht worden dat zij uit liefde voor hun Heiland een ander leven leiden.

Het is terecht schokkend als gemeenteleden in grote zonde vallen en zich er niet van bekeren. Valse beschuldigingen moeten we verwachten. Terechte beschuldigingen moeten we vrezen! De vierde categorie die Petrus in vers 15 benoemt, zou weleens te maken kunnen hebben met iemand die als tussenpersoon er zelf beter van probeert te worden. Dat geeft geen goed gerucht!

Als christen lijden, dat betekent dat je lijden ook echt in verband kunt brengen met jouw volgen van Jezus. Anders mag het nog zo'n diep en verdrietig lijden zijn, het is dan geen lijden als christen. Lijden in het voetspoor van Jezus is zwaar, maar ook gewichtig, het verheerlijkt God!

Vers 17-19

Dicht bij huis beginnen

Gelovigen wordt het oordeel niet bespaard. Integendeel, God begint dicht bij huis. Maleachi spreekt al van het louterende vuur van het oordeel. God bestraft kinderen die Hij liefheeft (Hebreeën 12). Het betekent dat Hij ons niet voor het uiteindelijke oordeel overheeft, maar ons in zijn liefde wil sparen. Tegelijkertijd geldt dat Hij ons niet zomaar kan gebruiken. Hij voedt ons op. Dat gaat met pijn gepaard, met struikelen en vallen en soms ook met straf. Zo ontstaat er een priesterlijk volk, een huis van God, dat Hem werkelijk dient, dat de goede offers van harte brengt. Ook op die manier is het lijden als christenen dus hoopvol.

Er zijn er echter vandaag ook die hiervoor terugdeinzen. Cultuur- of welvaartschristenen, alleen uit op voordeel. Brengt het lijden, dan zijn ze weg, worden ze onzichtbaar. Petrus vraagt: 'Wat zal hun einde zijn?' In de hitte van de tijdelijke, huidige verdrukking ligt al een beeld voor de eeuwige verdrukking van degenen die het evangelie ongehoorzaam zijn. Zij die niet overtuigd zijn van het christelijk geloof, zijn ook geen overtuigend christen.

Nauwelijks zalig

Zalig worden is geen simpele zaak. Het is iets van op het nippertje uit de brand gered worden. Of zoals Paulus in 1 Korinthe 3 uitwerkt: als door vuur heen, waarbij de gelovige zelf ternauwernood erdoorheen komt. Ook Noach, hoeveel hij van God hield, hoezeer hij God gehoorzaamde en jarenlang timmerde, werd maar ternauwernood, in de boot, van het allesverslindende water gered.

Zo'n uitspraak van Petrus doet ons even opschrikken. 't Komt niet vanzelf wel goed. Ook redt een goed en burgerlijk leven ons niet. Ja, zelfs proef je hier even dat de vrijheid van de kinderen van God geen 'vrijheid, blijheid', 'maakt niet uit wie of wat je bent' is. Nauwelijks. Alleen 'in Christus zijn' kan ons redden. Zo nauw is de poort. Tegelijk is dat groot genoeg, toch?

1 Petrus 5:1-3

Voortreffelijk werk!

'Oud worden is mooi, maar oud zijn valt niet mee', luidt het gezegde. Dat zou je ook van het werk van de ouderling kunnen zeggen. Het is een voortreffelijk werk, maar het valt niet mee. Het betekent vooropgaan als een herder, de schapen verzorgen.
Het betekent gids zijn, in soms moeilijke tijden en nieuwe situaties. Het betekent voorbeeld zijn naar het grote Voorbeeld, Christus. Dat anderen aan je zien wat zij zelf moeten laten zien. Ook in een tijd van lijden en verdrukking. Dat houd je alleen vol als je blijft in het spoor van Christus.

De kudde van God hoeden

Belangrijk dat Petrus schrijft de ouderlingen onder u. Ze zitten als het ware niet op een rijtje in zwarte pakken voor in de kerk, maar midden onder de gemeenteleden, ze zijn zelf gemeenteleden. Het zijn niet de mensen die de gaven van de Geest bezitten, zij beheren ze. Zij mogen leidinggeven en zorgen voor de schapen. In een tijd van beschuldiging, bespotting en lijden is het goed als een gemeenschap gestructureerd is en bijeengehouden wordt. Zo alleen kan een kwetsbare minderheid standhouden. Het is nooit 'onze gemeente' of 'onze kudde', het is en blijft altijd Gods kudde!

Niet omdat het moet, maar omdat het mag

Hoe mooi het werk van 'ouderling' (of welke dienende taak) ook is, ook hier dreigt het gevaar van (ambtelijke) zonden. Oppassen dus. Nooit mag 'druk' of 'redderssyndroom'

ons brengen tot een leidinggevende positie. 'Dan moet ik het maar doen.' 'Wie doet het anders?' Nee, een dankbare taak neem je met dankbaarheid op je, vrijwillig en verantwoordelijk. Het is onmisbaar eerst Christus te kennen en lief te hebben.
Al krijg je ergens een vergoeding voor, dat is niet de reden om het te aanvaarden.
Ook het verlangen invloed te hebben in de gemeente is een griezelig verlangen.
Alsof Christus door zijn Geest niet voldoende zou zijn!

Vers 4

De Heer is mijn Herder

Psalm 23 is een hit in de Bijbel. Hij staat in menig grafsteen gebeiteld. Terecht?
Ja, maar misschien ook weleens al te gemakkelijk. Nooit ergens van willen weten en dan begraven worden met Psalm 23 ... Dan komt het toch nog goed, hoop je maar, zeggen we dan. Petrus de ouderling, die net als de andere ouderlingen de kudde Gods moet hoeden, heeft ook een Opperherder. Net als David die Psalm 23 schreef. Of je nu een echte kudde hoedt, een volk leidt of een gemeente dient: een mens is maar een mens. En zelf dus ook een schaap. Zo lees ik Psalm 23. De Heere is míjn Herder. Anders hou ik het niet vol!

Geen kruis, geen kroon

Wie het lijden als christen stelselmatig uit de weg gaat, ontgaat ook de kroon. Zo wij met Hem lijden, zullen wij ook met Hem verheerlijkt worden (Romeinen 8:17).
'Wij steken 't hoofd omhoog en zullen d' eerkroon dragen.' Is dat niet wat te hoog?
Nee, 'door U, door U alleen, om 't eeuwig welbehagen! Want God is ons tot Schild in het strijdperk van dit leven!'

Verwerking

1. Heb je weleens te maken gehad met onbegrip wat betreft je christen-zijn?
   a. Hoe was dat voor je?
   b. Kun je er door deze bijbelstudie anders naar kijken? Hoe dan?

2. Lijden als christen is de laatste jaren meer in beeld gekomen, door verschillende organisaties.
   a. Wat hebben we precies van deze contacten geleerd?
   b. Op welke manier voelen of weten we ons verbonden met hen?
   c. Zou elke christen moeten lijden? Licht eens toe!

3. Petrus schrijft: 'En als de rechtvaardige nauwelijks zalig wordt, waar zal de goddeloze en de zondaar verschijnen?'
   a. Wat roept deze uitdrukking bij je op?
   b. Wat zou zijn bedoeling zijn met deze woorden?

4. Petrus noemt zichzelf mede-ouderling en ervaringsdeskundige. Hij spoort ouderlingen aan om Gods gemeente te hoeden als een kudde.
   a. Wat is jouw ervaring met een bepaalde structuur in de gemeente?
   b. In hoeverre laat jij je 'hoeden' door 'ouderlingen' van de gemeente? Zie je hen vooral als gewone gemeenteleden of meer als vertegenwoordigers van Christus?

5. De eerste Petrusbrief is vol hoop, dankzij Jezus' opstanding. Dit geeft ons zicht op een heerlijke erfenis, een onverwelkelijke kroon.
   a. Hoe spelen deze dingen in jouw leven een rol?
   b. Wat hebben 'lijden' en 'volharden' met elkaar te maken?

Notities

9 In Gods hoede en waakzaam tegen de duivel

1 Petrus 5:5-14

Er is veel gaande in de wereld. In het gebied waaraan Petrus schreef en daar omheen, en ook in Nederland. We voelen hoe de relatie tussen ouders en kinderen is veranderd. En ... God verdwijnt langzamerhand (of juist heel snel) uit ons levensbesef. Wat is er gaande? Hoe duid jij deze dingen? Heb je er zelf ook mede schuld aan? Durf je hier ook op geestelijk niveau iets van te zeggen?

Vers 5-7

De kameel

De oproep aan de jongeren is een herhaling van wat Petrus schreef in 2:13 (e.v.). Net als de oudsten zich aan de Opperherder, Jezus, moeten onderwerpen, zo moeten de jongeren zich weer aan de ouderen onderwerpen. Gezag begint niet van bovenaf, ook niet van onderaf. Het is een wisselwerking, waarbij Jezus bovenaan staat en ieder daaronder een van God gegeven plaats ontvangt. Die plaats innemen is een vrijwillige en gehoorzame keuze tegelijk. Neemt iemand een andere plaats in, dan is er crisis!

Als ieder de van God gegeven plaats nederig inneemt, kan de gemeente opbloeien. Gods gaven komen het best tot hun recht als iedereen als 'schooluniform' de lendendoek van de nederigheid draagt. Hoe weerbarstig is echter de praktijk. Het vervolg mag ons wel wakker schudden. God keert zich tegen de hoogmoedigen! Hoogmoed is daar waar ik mijn plek niet wil inzien en innemen. Hoogmoed is daar waar ik niet wil dat de ander mij met van God gegeven gaven dient. Als ik zelfvoorzienend wil zijn of alleen anderen wil dienen. Dan laat ik uiteindelijk ook God niet toe in mijn hart en leven. Jammer, want de nederigen geeft Hij genade!

Petrus roept ertoe op ons te vernederen onder de krachtige (en beroemde rechter) hand van God. Willen wij God binnen handbereik hebben, dan moeten wij onder zijn machtige hand verblijven. Zo beschermt Hij de vrome. Het is dus niet zo dat God ons met zijn handen kleineert of onderdrukt. Denk aan een kameel, een lastdier. Hij is hoog van zichzelf. (Zoals wij hoogmoedig kunnen zijn van onszelf.) Wil hij van zijn last verlicht en verlost worden, zijn last of zorg afwentelen, dan moet hij door de knieën. Als hij geknield ligt, kan de eigenaar de last van de kameel afnemen. Zo mag een christen knielen voor zijn Heer, zijn Eigenaar, en alle last werpen (!) op Hem. Dat kan alleen op die manier. Net zoals een lastdier, dat elke dag weer nieuwe lasten draagt, zo draagt ook een christen de zorg van elke dag – en liefst niet meer, want dit is al genoeg

- (Mattheüs 6:34!), nederig knielend.
En op zijn tijd zegt Hij: het is genoeg, sta maar op, ontspan, wees lichtvoetig en vreugdevol, in de Heere! Ik zorg voor jou!

Geestelijke strijd - vers 8 en 9

Nuchter en waakzaam

Over de duivel valt niets positiefs te zeggen. Hij is een satanas, een tegenstander. Een diabolo, die je heen en weer smijt. Een tegenpartij zonder enige liefde.
Moet je daar nuchter mee omgaan? Ja, je kunt ook te veel aandacht schenken aan de duivel. Je leven komt in een kramp. Elke vorm van gebrokenheid wordt dan aan de duivel toegeschreven. De duivel vindt het fijn als we geen of juist te veel aandacht aan hem schenken! Nuchter betekent 'niet onder invloed', net als bij drank.
We moeten ons niet laten beïnvloeden, want dan krijgt de tegenpartij vat op ons.

En we moeten waakzaam zijn, in opperste staat van paraatheid. Christen zijn doe je er niet maar even bij. We hebben met een gevaarlijke tegenstander te maken.
Overigens komen deze woorden van een ervaringsdeskundige. Als iemand zichzelf daarin heeft overschat, is het Petrus zelf. Maar Jezus schatte het precies goed in, toen Hij zei: 'Simon, Simon, de satan heeft u allen opgeëist om te ziften als de tarwe. Maar Ik heb voor u gebeden dat uw geloof niet ophoudt. En u, als u eens tot inkeer bent gekomen, versterk dan uw broeders.' (Lukas 22:31-32) Nu, daar is Petrus hard mee bezig!

De duivel als een brullende leeuw. Dat heeft alles te maken met Jezus als een onbevlekt Lam. Hij heeft voor ons geleden, is voor ons gestorven. Maar de dood kon Hem niet blijvend binden. Nu is Jezus Opperherder. En er zijn onderherders in de gemeente en andere gemeenteleden. Samen vormen ze een kudde schapen. Schapen die nodig moeten opletten en zich niet zo moeten laten beïnvloeden. Kwetsbare schapen moeten in het midden van de kudde verblijven, de sterken aan de rand ...

Bied weerstand

Opmerkelijk is het dat Petrus niet zegt dat je de duivel uit de weg moet gaan. Een vijand moet je niet opzoeken, maar ook niet de rug toekeren. Dan ben je een gemakkelijke prooi. Weerstand bieden, dat doe je in het geloof en door geloofsgehoorzaamheid. In het maken van je keuzes ligt al een groot deel van je weerstand of overgave opgesloten! Weerstand bieden is sterk in Jezus' kracht zijn, die de satan heeft overwonnen. Het betekent onszelf vernederen onder zijn krachtige hand. Nederigen geeft Hij genade!

Al uw broeders

Er is veel verschil tussen wat mensen meemaken op aarde. Petrus spreekt hier echter over een lijden dat al de broeders en zusters in de wereld opgelegd wordt. Dat woordje 'opgelegd' is belangrijk. Het is God zelf die ons aan de geestelijke strijd overgeeft. Omdat het ook God zelf is die ons alleen in die strijd staande kan houden. Alleen van

Hem geldt dat Hij alle macht heeft, in hemel en op aarde. Meer, veel meer macht dan de duivel. Zo blijven wij bewaard in de genade, omdat wij afhankelijk van Hem blijven. Zo worden we geoefend en gelouterd, gezuiverd, als christenen.

Al de broeders en zusters hebben ermee te maken: geestelijke strijd. We vergissen ons als we denken dat dat altijd op eenzelfde manier is. Bij geestelijke strijd komt het ook op onderscheiden aan. Heel gauw wordt geestelijke strijd verward met psychische strijd. Dat brengt eerder schade dan zegen. Geestelijke strijd kan op psychologisch gebied plaatsvinden. Vaak ligt daar een trauma achter, van beschadiging en vaak weggedrukte nood (uit bijv. de jeugd). Dan is er pastoraat en ook andere zorg nodig. Daar houdt geestelijke strijd echter niet op. Ook als ik heel standvastig en rationeel ben, kan de boze geweldig brullend tekeergaan in mijn leven. Misschien wel door de heel rustige gedachte dat God niet bestaat ... Of dat met de dood alles is afgelopen. Geestelijke strijd: als we in Christus zijn, hebben we er allemaal mee te maken. Wees dus alert!

Vers 10 en 11

Zegen

Er is veel aan de hand in de wereld en er kan veel aan de hand zijn in ons leven. Veel strijd, moeite, zonde, gebrokenheid. Kan Petrus mooier en rijker eindigen dan zo: 'De God nu van alle genade ...' Het vele komt zo te staan tegenover het alle van Gods genade. Wat een God! Die ons geroepen heeft tot Zijn eeuwige heerlijkheid. Wij die eerst veraf stonden en nu nabij mochten komen. 'In Christus', dat is een kernuitdrukking die wij elke dag wel honderd keer moeten herhalen: 'in Christus', dat is 'in Christus zijn'. Dat is 'leven uit de doop, met Hem begraven zijn om met Hem op te staan', in een nieuw leven, in eeuwige heerlijkheid zelfs. Als je daar vol van raakt, krijg je draagkracht voor dit leven. Zo rust Hij je toe en herstelt Hij je om dienst te doen. Hij bevestigt, versterkt en fundeert je.

Vers 12 en 13

De groeten!

Met weinig woorden: ja, dat klopt. Maar o, wat staat er dan veel in die weinige woorden. Paulus zou er bewondering voor hebben dat Petrus het zo kort kon zeggen. Maar ja, hij had de hulp van Silvanus. Silvanus (ook wel Silas) trok ook wel met Paulus op met de zendingsreizen. Markus wordt zelfs 'mijn zoon' genoemd, een heel intieme aanduiding voor een broeder. Als Petrus door de krachtige hand van God verhoogd wordt en bevrijd wordt uit de gevangenis, gaat hij meteen naar het huis van Markus' moeder. Markus wordt in de kerkelijke traditie gezien als degene die het evangelie naar Petrus heeft beschreven. Waar de complimenten ook terecht zouden komen, ze zouden zeggen: allemaal ontvangen! Allemaal van de Geest van God! Dit is de ware genade waarin we staan als christenen. Roemend in ons schooluniform van nederigheid.

Verwerking

1. Hoe komt deze bijbelstudie op je over? Vermanend, bemoedigend, aansporend, verwarrend, bevreemdend, bevestigend, herkenbaar, beangstigend, versterkend ... Licht je keuze eens toe.

2. Vers 6 en 7 vinden we min of meer ook terug in Jakobus 4:6-10.
   a. Kun je een voorbeeld geven waarbij iemand zich moest vernederen onder een/Gods krachtige hand?
   b. Hoe weet je nu dat het om Gods krachtige hand gaat, niet om een aanval van de duivel? Hoe onderscheid je dat?
   c. Welk licht geeft Jakobus 4:8-10 hier op?

3. Op welke manier ervaar je geestelijke strijd in je leven? Op welke manier weersta jij de duivel dan? Welke rol spelen andere gemeenteleden in deze strijd?

4. 'Al uw broeders ...' Op welke manier beoefen je nu de verbondenheid met vervolgde christenen in deze wereld?
   a. Ervaar je de relatie met hen als een van 'broeders en zusters'?
   b. Wat zou je kunnen doen om meer gedisciplineerd aandacht te schenken aan je medebroeders en -zusters, voor hen en ... voor jezelf?

5. Liedstudie.
   De eerste Petrusbrief spreekt over het vreemdeling-zijn, dat gegeven is met het christen-zijn. Een lied dat dit heel mooi weergeeft, vinden we in het Liedboek voor de Kerken, lied 484.
   a. Lees het eens door en zet een '!' bij wat je belangrijk vindt, waar je van harte mee instemt; een '?' bij wat je niet begrijpt, wat jou bevreemdt; een smiley als je moet glimlachen; en een 'schrik-smiley' als je merkt dat christen-zijn meer inhoudt dan je dacht. En vul maar aan met andere symbolen!

6. Commitment.
   Schrijf naar aanleiding van deze brief eens een commitment, iets waaraan jij jezelf wilt verplichten, of liever: wilt toewijden. Dit kan een mooie manier zijn om de balans op te maken en je verder toe te wijden aan God. Waarin ben ik veranderd? Hoe is mijn mening of houding veranderd? Waar zou ik in willen groeien? Op welke gebieden moet/wil ik me bekeren?

Groet elkaar met een kus van de liefde.
Vrede zij u allen, die in Christus Jezus bent. Amen.

1 Petrus 5:14

Notities

Notities

Notities

Dit is een uitgave van uitgeverij Ark Media in samenwerking met de IZB.

Ark Media, onderdeel van Royal Jongbloed Publishing, is een toonaangevende christelijke uitgeverij met boeken die verrassen en inspireren. Kinderbijbels voor elke leeftijd, prentenboeken, cadeauboeken, dagboeken, boeken voor geloofsopbouw, kaarten en kalenders: Ark Media heeft voor elk wat wils! Kijk voor meer informatie op **www.arkmedia.nl.**

De IZB is een vereniging binnen de Protestantse Kerk in Nederland die, verbonden met de gereformeerde traditie, zich bezighoudt met zending in Nederland. Ze biedt vorming en toerusting op het gebied van missionair werk. De ervaring van missionaire werkers in gebieden waar de kerk niet of niet meer zichtbaar aanwezig is, wordt gebruikt om gemeenten te adviseren of te begeleiden. Zie voor meer informatie **www.izb.nl.**

In de Kringserie zijn de volgende delen verschenen:

Jan Maasland
Geloof, liefde en hoop - 5e druk
Bijbelstudies over Kolossenzen

Nelly van Kampen-Boot
Bouwen op de Rots - 4e druk
Bijbelstudies over de Bergrede

René de Reuver
Op zoek naar het geheim
Bijbelstudies over Jezus

Henri Wijnne en Anja van Maanen-Hoekman
Van harte gegund - 4e druk
Missionaire bijbelstudies voor de gemeente

Coby van der Zee
Schitterende beelden - 3e druk
Bijbelstudies over identiteit

René van Loon
Ouder worden in Gods licht - 4e druk
Bijbelstudies voor mensen met levenservaring

Jos Douma
Vrucht van de Geest - 9e druk
Bijbelstudies over Galaten 5

Ron van der Spoel
Van kruis naar kroon - 6e druk
Bijbelstudies over vervolging en volharding

Bram van Duinen
Weg uit ballingschap
Bijbelstudies over Jesaja

Jos Douma
Geloven met Petrus - 7e druk
Bijbelstudies over geloof en twijfel

René de Reuver
Voorbeeldig geloven - 4e druk
Bijbelstudies over Hebreeën 11

Anne-Marie van Briemen
Vreugde als levensstijl - 6e druk
Bijbelstudies over de Filippenzenbrief

Willem Maarten Dekker
Levenswijsheid volgens Prediker - 3e druk
Bijbelstudies over levenskunst

Machiel Oppenhuizen
Redding voor Gods volk - 2e druk
Bijbelstudies over Esther

Pieter J. Lalleman
Leeuw en Lam - 3e druk
Bijbelstudies over Openbaring

Nelly van Kampen-Boot
Teken van Leven
Bijbelstudies over het Johannesevangelie

Tanno Verboom
Gaan op Gods weg - 2e druk
Bijbelstudies over Mozes

René van Loon
Bouwers in de eerste gemeenten - 3e druk
Bijbelstudies over mensen rondom Paulus

Harald Overeem
Werken aan eenheid
Bijbelstudies over 1 Korinthe

Anne-Marie van Briemen
Aan tafel - 2e druk
Bijbelstudies over gesprekken met Jezus

Eveline van Staalduine-Sulman
Tegen de stroom in - 2e druk
Bijbelstudies over Samuel

Cock Kroon
Geloven en doen - 4e druk
Bijbelstudies over de brief van Jakobus

Hetty Lalleman
Leren vertrouwen op God - 4e druk
Bijbelstudies over Psalmen

Pieter J. Lalleman
In de kracht van de opstanding
Bijbelstudies over Handelingen

René van Loon
Koninklijk gezelschap
Bijbelstudies over mensen rondom David

Marthijn van Leeuwen
Dienstbaar en toegewijd - 2e druk
Bijbelstudies over 1 Petrus

Harald Overeem
Waarheid in liefde
Bijbelstudies over moeilijke uitspraken van Jezus

Nelly van Kampen-Boot
Wie mijn woorden hoort
Bijbelstudies over de Bergrede

Bram van Duinen
Het werk van Gods hand
Bijbelstudies over de schepping

Lianne Post
Bidden in de kring
Bijbelstudies over samen bidden

Kees de Vreugd
Christus voor Israël
Bijbelstudies over Gods volk

Martin van Veelen
Levenslessen van de goede Herder
Bijbelstudies over gelijkenissen die Jezus vertelde

René van Loon
God is groter dan je denkt!
Groei in je geloof met de profeet Elisa

Wout van Laar
Geroepen om te gaan
Bijbelstudies over Jona

Evert Schimmel
De kunst van het leven
Bijbelstudies over schoonheid in ons leven

Deze serie zal in de toekomst verder worden uitgebreid met nieuwe titels.
Kijk regelmatig op www.kringserie.nl.